আবোল তাবোল

RHYMES *of* WHIMSY

আবোল তাবোল
RHYMES *of* WHIMSY

The Complete Abol Tabol

By Sukumar Ray

Translated by

Niladri Roy

পাশাপাশি বাংলা-ইংরাজি সংস্করণ

Side-by-Side Dual-Language Edition

With Bengali originals and their English translations.

HATON CROSS PRESS

HATON CROSS PRESS.

Published by Haton Cross Press
Campbell, California, USA.

First published by Haton Cross Press, 2017.

ISBN-13: 978-0-9986557-2-7
ISBN-10: 0-9986557-2-4

Verse translated from the original Bengali by Niladri Roy.
Illustrations by Hirday Jayaraj. *The Design Floor*, New Delhi, India. Front cover image by Sukumar Ray, from his original illustration of the first-edition of the Bengali Abol Tabol, 1923.

To the memory of my late parents

Acknowledgements

The translator is indebted to the following individuals:

Monojit Chaudhuri for, unbeknownst to himself, having inspired this project. Goutam Biswas for encouragement to follow through with the idea and for review of the first drafts of the translations and cover text. Uday Shankar Hajra for suggestions on cover text and fonts. Susmita Sengupta for critiquing a substantial portion of the analyses that appear in the all-English edition. Amlan Ghosh and Maneish Mehrotra for proof-reading the entire manuscript.

Sushma Bana for believing in the project, unwavering support and patient hearings of multiple readings of the translated poems.

Contents

"Despite might nothing mean –"

Pippin boater
Pumpkin floater
Marlins in scabbard.
Built a wigwam
Father William
For Mother Hubbard.

PREFACE

Growing up, I read Sukumar Ray's Abol Tabol in the original vernacular. Translating that timeless work into English has been a privilege.

Throughout the translations, I have tried to adhere to certain self-imposed constraints that have aided in maintaining a consistent standard with regard to capturing the essence of Ray's original work. Nevertheless, a translation is but a poor shadow of the original, and I regret that I shall only be able to aspire to, but never quite succeed in completely capturing the greatness and magic of Ray's nonsense verse. Sukumar Ray's Abol Tabol is a work of genius; this translation, the product of mere competence.

It has been my humble endeavor to capture as much of the original mood, narrative, humor, rhyme and cadence as I could. It is my fervent hope that this translation will enable children, as well as adults, who do not read Bengali, to sample an imitation of some of Ray's original magic.

That, without doubt, would be the greatest reward for my labors.

Close on the heels of the original translations and analyses published in April 2017, this dual-language edition, with side by side Bengali originals and their English translations, is being published in this format by popular demand. This edition focuses purely on the translation aspect, and dispenses with the analyses, which continue to remain available via the all-English edition.

Niladri Roy

San Francisco, California. October 2, 2017.

Introduction to the Translated Poems

Translating Sukumar Ray's Abol Tabol presents a unique, two-fold challenge.

The simpler portion of that challenge stems from the fact that Abol Tabol relies on rhyme for much of its appeal. The more complex challenge, however, originates from the fact that Abol Tabol was not meant to be purely random verse. There is a body of evidence that suggests that most, if not all, poems in Abol Tabol carry dual meanings.

Ray so much as hints at the presence of these double meanings, via his 'bookend' poems. These are the beginning and ending poems, both titled *Abol Tabol*,* that the rest of the collection is nestled between. With the first poem, the clues that Ray embeds are very subtle; with the other one, they are easier to discern.

The term *nonsense verse* is rather broad in definition. Verse need not necessarily be 'nonsensical' or devoid of meaning in order to be classified as nonsense verse. Ray's verse does fit the category. However, inasmuch that the author intended to convey – sometimes very specific – meaning, translations need to be approached with respect for that intent.

The Importance of Word-Intent

Poetry translations often focus on translating the *idea* articulated by the poet in the source language. This has the obvious benefit of translating the essence, while simultaneously providing the translator with the freedom of choice in words, expressions and phrasing, to create an enjoyable reader-experience in the target language.

Translating only the obvious ideas evident in Ray's verse, while relegating the original words to a position of secondary importance, however, can often lead to unintended consequences.

It may not be immediately apparent unless pointed out that *accuracy of word-intent is supremely important to the proper analysis of Ray's double-entendres* in translation. Oftentimes, previous translations have ignored this aspect, and concentrated, instead, on translating what may have appeared to be the general intent of a line, without regard to the actual words used in the original. This has frequently resulted in the inadvertent loss of double-entendres intended by Ray.

---

* Distinguished in this volume as Rhyme of Whimsy and Muse of Whimsy, respectively.

For example, one well-known partial translation of Abol Tabol translates the Bengali

"আলোয় ঢাকা অন্ধকার
ঘন্টা বাজে গন্ধে তার"
[*"Aaloy dhaka ondhokaar / Ghonta baaje gondhe taar"*]

in the last poem of Abol Tabol as:

"The darkness lifts as moonshine wells
Its sense adream with tinkling bells."

This completely ignores the double meaning in these two lines. Here, Ray was also referring to the hidden satire in his poetry – signified by 'darkness'– that is 'covered' or hidden, by 'light'. Light signifies the overt, often bright and cheerful, literal meanings of his words. Ray had never intended to say that the darkness is lifted or dispelled by light. He meant that the darkness that he has hidden in his poems is concealed by light, and he wrote, literally, exactly that.

Rhyme and Responsibility

With great rhyme comes great responsibility. Ray's poems superbly utilize rhyme to create a significant portion of their charm. His rhyming schemes, quite expectedly, vary. For example, in *Hookah-Face Hyangla* (হুঁকো মুখো হ্যাংলা), Ray uses the Spanish Sestet or Sextilla, *a.a.b.c.c.b.* in each stanza. In other poems, he has used more complex schemes like the Violette: *a.a.a.b. c.c.c.b.* where *b* is the linking rhyme from stanza to stanza.

It is the responsibility of the translator to ensure that the rhyme is preserved in translation.

The translator also bears the responsibility of ensuring that reader-experience in the target language be not adversely affected in the process of preserving rhyme. The use of unusual grammatical constructs and obscure or even 'invented' words, simply for the sake of rhyme, is best avoided. So should be the practice of changing the rhyming scheme altogether. Clearly, these constraints too, contribute to the challenge of translation.

Cadence, Tempo and Meter

Ray's use of cadence and tempo is usually consistent with his narrative. In the first poem of Abol Tabol he uses a lilting, rhythmic cadence and a reasonably fast-paced tempo to conjure up a vision of the feast of rhymes as well as of whimsy to come. In other poems, his cadence is more balladic, such as when telling a long story at a lively pace, as in *Once Bitten Twice Shy* (নেড়া বেলতলায় যায় কবার?).

In the last poem of Abol Tabol, he abruptly switches tempo halfway through the poem, from the slow and melodic to the quick and bright, before slowing down again for the last couple of lines, with devastating effect.

Ray's meter is primarily iambic, but the dactyl, too, is evident in poems like *(M)address* (ঠিকানা) and *Learning Science* (বিজ্ঞান শিক্ষা). Preservation of original meter is next to impossible in poetry translations. Cadence however, if managed well, can result in the meter of the translated work being close enough to the original to be almost indistinguishable from it.

The poems in this book were translated with the above constraints of word-intent, rhyme, cadence and meter in mind. Sometimes, though, it has not been possible to adhere to all of them simultaneously in every poem. The effort, nevertheless, has been to be as 'responsible' as possible, while creating a pleasurable reader-experience in the English language.

আবোল তাবোল	**Rhyme of Whimsy**

আয়রে ভোলা খেয়াল খোলা
স্বপনদোলা নাচিয়ে আয়,
আয়রে পাগল আবোল তাবোল
মত্ত মাদল বাজিয়ে আয়।
আয় যেখানে ক্ষ্যাপার গানে
নাইকো মানে নাইকো সুর,
আয়রে যেথায় উধাও হাওয়ায়
মন ভেসে যায় কোন্ সুদূর।

Come all ye, here carefree,
    Sail your little dreamboat
O'er crazy rhymes, and fun times
    And drumbeats of wild note.
Where merry mad song trills all day long,
    Sans sense and sans tune;
Where wild winds sing; the mind takes wing,
    O'er some distant sand dune.

আয় ক্ষ্যাপা–মন ঘুচিয়ে বাঁধন
জাগিয়ে নাচন তাধিন্ ধিন্,
আয় বেয়াড়া সৃষ্টিছাড়া
নিয়মহারা হিসাব–হীন।
আজগুবি চাল বেঠিক বেতাল
মাতবি মাতাল রঙ্গেতে,
আয়রে তবে ভুলের ভবে
অসম্ভবের ছন্দেতে॥

Come mindless, be boundless,
    Dance a jolly jig and trot.
Come unruly, cajole and bully
    The rule books this world's got.
Be Bohemian. And Contrarian,
    Your wild side, come, here nurse;
Come ye muddled, to a world befuddled
    In impossible, whimsy verse.

খিচুড়ি

হাঁস ছিল, সজারুও, (ব্যাকরণ মানি না),
হয়ে গেল 'হাঁসজারু' কেমনে তা জানি না।
বক কহে কচ্ছপে—"বাহবা কি ফুর্তি!
অতি খাসা আমাদের 'বকচ্ছপ মূর্তি'।"
টিয়ামুখো গিরগিটি মনে ভারি শঙ্কা—
পোকা ছেড়ে শেষে কিগো খাবে কাঁচা লঙ্কা?
ছাগলের পেটে ছিল না জানি কি ফন্দি,
চাপিল বিছার ঘাড়ে, ধড়ে মুড়ো সন্ধি!

Mutant Medley

Was a duck, porcupine too, (grammar I defy),
Turned to Duckpine; know not how or why.
Stork said to turtle, "Behold! Though bizarre,
Looks quite fabulous, our Storktle avatar!"
The parrot-face lizard is worried just silly,
Must it quit bugs now and eat green-chili?
The goat, in a stealthy plot that he hatched,
Jumped the scorpion; head 'n' torso matched!

জিরাফের সাধ নাই মাঠে-ঘাটে ঘুরিতে,
ফড়িঙের ঢং ধরি সেও চায় উড়িতে।
গরু বলে, "আমারেও ধরিল কি ও রোগে?
মোর পিছে লাগে কেন হতভাগা মোরগে?"
'হাতিমি'র দশা দেখ–তিমি ভাবে জলে যাই
হাতি বলে, "এই বেলা জঙ্গলে চল ভাই।"
সিংহের শিং নাই এই বড় কষ্ট—
হরিণের সাথে মিলে শিং হল পষ্ট।

To roaming the wilds, giraffe said goodbye;
Will take flight now on wings of dragonfly.
The cow wailed, "Am I losing my mind?
There's a raging rooster on my behind!"
Whale of Whalephant would take to water;
Elephant opined: "The jungle is better!"
The Leghorn, for horns did mope and pine;
With a pair from the deer he's now just fine!

কাঠ বুড়ো

হাঁড়ি নিয়ে দাড়িমুখো কে–যেন কে বৃদ্ধ
রোদে বসে চেটে খায় ভিজে কাঠ সিদ্ধ ।
মাথা নেড়ে গান করে গুন্ গুন্ সঙ্গীত
ভাব দেখে মনে হয় না–জানি কি পণ্ডিত!
বিড়্ বিড়্ কি যে বকে নাহি তার অর্থ—
“আকাশেতে ঝুল ঝোলে, কাঠে তাই গর্ত ।”
টেকো মাথা তেতে ওঠে গায়ে ছোটে ঘর্ম,
রেগে বলে, “কেবা বোঝে এ সবের মর্ম?
আরে মোলো, গাধাগুলো একেবারে অন্ধ,
বোঝেনাকো কোনো কিছু খালি করে দ্বন্দ্ব ।
কোন্ কাঠে কত রস জানে নাকো তত্ত্ব,
একাদশী রাতে কেন কাঠে হয় গর্ত?”

Knotty Woodoo

Bearded old man hunched over crockpot,
Sun-basks, licking up wet wood stew hot.
Humming a merry song, bald pate sunlit;
One would think he must be a pundit!
Mutters to himself – makes sense not so good:
“Sky-hung cobwebs cause knots in wood.”
Bald pate hot gets; breaks in deep sweat;
“They just don’t get it!” he gripes, in sad fret:
“Asses! A prize herd! Clueless rabble!
Good for nothing but endless squabble.
Know not which sap what type wood takes;
Why soon new moon knots in wood makes?”

আশে পাশে হিজি বিজি আঁকে কত অঙ্ক
ফাটা কাঠ ফুটো কাঠ হিসাব অসংখ্য;
কোন্ ফুটো খেতে ভালো, কোন্টা বা মন্দ,
কোন্ কোন্ ফাটলের কি রকম গন্ধ ।
কাঠে কাঠে ঠুকে করে ঠকাঠক শব্দ ।
বলে, “জানি কোন্ কাঠ কিসে হয় জব্দ;
কাঠকুঠো ঘেঁটেঘুঁটে জানি আমি পষ্ট,
এ কাঠের বজ্জাতি কিসে হয় নষ্ট ।
কোন্ কাঠ পোষ মানে, কোন কাঠ শান্ত,
কোন্ কাঠ টিম্‌টিমে, কোন্টা বা জ্যান্ত ।
কোন্ কাঠে জ্ঞান নেই মিথ্যা কি সত্য,
আমি জানি কোন্ কাঠে কেন থাকে গর্ত ।”

Charts and figures and drawn up long lists;
Cracked wood, driftwood, countless, he insists.
Which crack tastes good, which just so-so,
Which scents, for sure, with which clefts go.
Wood on wood clacks cacophony rap-mix;
“I know which knocks what sort woods fix!
Messed with tough woods; this I know sure:
What-all wood-threats rogue woods do cure.
Which wood gets tamed, which is peaceful;
Which wood anemic and which is a pit-bull.
Which wood, naïve fool, can’t true from false tell
Which woods have knots, know why full well.”

গোঁফ চুরি

হেড অফিসের বড়বাবু লোকটি বড় শান্ত,
তার যে এমন মাথার ব্যামো কেউ কখনো জানত?
দিব্যি ছিলেন খোসমেজাজে চেয়ারখানি চেপে,
একলা বসে ঝিম্‌ঝিমিয়ে হঠাৎ গেলেন ক্ষেপে!
আঁৎকে উঠে হাত পা ছুঁড়ে চোখটি ক'রে গোল,
হঠাৎ বলেন, "গেলুম গেলুম, আমায় ধরে তোল!"
তাই শুনে কেউ বদ্যি ডাকে, কেউবা হাঁকে পুলিশ,
কেউবা বলে, "কামড়ে দেবে সাবধানেতে তুলিস ।"
ব্যস্ত সবাই এদিক ওদিক করছে ঘোরাঘুরি,
বাবু হাঁকেন, "ওরে আমার গোঁফ গিয়েছে চুরি!"
গোঁফ হারানো! আজব কথা! তাও কি হয় সত্যি?
গোঁফ জোড়া তো তেমনি আছে, কমেনি এক রত্তি ।
সবাই তাঁকে বুঝিয়ে বলে, সামনে ধরে আয়না,
মোটেও গোঁফ হয়নি চুরি, কক্ষণো তা হয় না

Mouche Filch

Head Clerk at head office, a man quiet and peaceful
Who knew that his head harbored an ailment so awful?
One moment happy, content and tranquil at desk sit,
Dozed in peace; without notice, suddenly just lost it!
Popped eyeballs, gave a start, let fly a high kick,
Shrieked he, "Woe! I'm a goner! Help me up real-quick!"
Some called the medicine-man, some yelled for cops
Some warned still, "He might bite! Do mind your chops!"
Ran 'round busy, in a fair tizzy, all clueless as to role
Head Clerk barked, "Listen up now – my moustache is stole!"
A stolen mouche? What notion strange! Could that be right?
The luxuriant pair seems all there – harmed not the slight.
"You're Ok!" they assured him – even held up a mirror,
"Mouche never gets filched, you know, you're surely in error."

রেগে আগুন তেলে বেগুন, তেড়ে বলেন তিনি,
"কারো কথার ধার ধারিনে, সব ব্যাটাকেই চিনি ।
নোংরা ছাঁটা খ্যাংরা ঝাঁটা বিচ্ছিরি আর ময়লা,
এমন গোঁফ তো রাখতো জানি শ্যামবাবুদের গয়লা ।
এ গোঁফ যদি আমার বলিস করব তোদের জবাই"—
এই না বলে জরিমানা কল্লেন তিনি সবায় ।
ভীষণ রেগে বিষম খেয়ে দিলেন লিখে খাতায়,
"কাউকে বেশি লাই দিতে নেই, সবাই চড়ে মাথায় ।
আফিসের এই বাঁদরগুলো, মাথায় খালি গোবর,
গোঁফ জোড়া যে কোথায় গেল কেউ রাখে না খবর ।
ইচ্ছে করে এই ব্যাটাদের গোঁফ ধরে খুব নাচি,
মুখ্যুগুলোর মুণ্ডু ধরে কোদাল দিয়ে চাঁচি ।
গোঁফকে বলে তোমার আমার–গোঁফ কি কারো কেনা?
গোঁফের আমি গোঁফের তুমি, তাই দিয়ে যায় চেনা ।"

Head Clerk – face beetroot red – fuming and furious
Raged, "I don't trust you lot – not a bounder's serious!
Uneven cut; a broomstick but! So soiled and so grimy,
Shyam Babu's milkman had a moustache this slimy.
Call this mine? How dare you! You deserve to be shot!"
So said he – and in vengeful spree – fined all on the spot.
In sputtering rage, vexed visage, he wrote in the big book:
"Give 'em an inch – they take a mile; fact not to overlook.
Bunch of loons – stupid baboons – craniums threadbare,
Where – alas – my moustache went, nobody gives a care!
How I wish from these rascals' own moustaches to swing!
Take a big spade, scrape their pates till all hair takes wing.
Mouche they call 'mine/yours' – like mouche you just buy?
Mouche owns you, mouche owns me: It defines the guy!"

সৎপাত্র

শুনতে পেলাম পোস্তা গিয়ে—
তোমার নাকি মেয়ের বিয়ে?
গঙ্গারামকে পাত্র পেলে?
জানতে চাও সে কেমন ছেলে?
মন্দ নয় সে পাত্র ভালো
রঙ যদিও বেজায় কালো;
তার উপরে মুখের গঠন
অনেকটা ঠিক পেঁচার মতন;
বিদ্যে বুদ্ধি? বলছি মশাই—
ধন্যি ছেলের অধ্যবসায়!
উনিশটিবার ম্যাট্রিকে সে
ঘায়েল হয়ে থামল শেষে ।
বিষয় আশয়? গরীব বেজায়—
কষ্টে-সৃষ্টে দিন চলে যায় ।

Prize Groom

Heard this, when to *Posta* I got –
Your daughter is tying the knot?
Ganga Ram the auspicious match?
Care to learn what sort of catch?
Not bad at all – he's really bright –
Complexion, like the moonless night;
Handsome he, of face and jowl
Would put to shame a scowling owl.
Brains, you ask? Let me tell you –
For dogged grit, set records anew!
After nineteen tries of matching his wits
At passing school, he called it quits.
What of his means? Poor deadbeat –
Struggles just to make ends meet.

মানুষ তো নয় ভাইগুলো তার—
একটা পাগল একটা গোঁয়ার;
আরেকটি সে তৈরী ছেলে,
জাল করে নোট গেছেন জেলে ।
কনিষ্ঠটি তবলা বাজায়
যাত্রাদলে পাঁচ টাকা পায় ।
গঙ্গারাম তো কেবল ভোগে
পিলের জ্বর আর পাণ্ডু রোগে ।
কিন্তু তারা উচ্চ ঘর,
কংসরাজের বংশধর!
শ্যাম লাহিড়ী বনগ্রামের
কি যেন হয় গঙ্গারামের ।—
যহোক, এবার পাত্র পেলে,
এমন কি আর মন্দ ছেলে?

A pair of brothers not worth scrap –
One village idiot, the other madcap.
A third is clever, sharp as a nail;
Forged banknotes and went to jail.
The youngest plays gigs onstage;
As often as not, doesn't get paid.
Ganga Ram is often sick with fever;
Pale and jaundiced, distended liver.
But their family is of a lofty line:
Of *Kangsha*, the tyrant king divine!
Infamous[*] *Shyam* of *Bonogram*
Is related somehow to *Ganga Ram*.
Key thing is: you've snagged a groom;
A prize catch; for doubt, little room!

গানের গুঁতো

গান জুড়েছেন গ্রীষ্মকালে ভীষ্মলোচন শর্মা ।
আওয়াজখানা দিচ্ছে হানা দিল্লী থেকে বর্মা!
গাইছে ছেড়ে প্রাণের মায়া, গাইছে তেড়ে প্রাণপণ,
ছুটছে লোকে চারদিকেতে ঘুরছে মাথা ভন্‌ভন্ ।
মরছে কত জখম হয়ে করছে কত ছট্‌ফট্—
বলছে হেঁকে, "প্রাণটা গেল, গানটা থামাও ঝট্‌পট্ ।"
বাঁধন–ছেঁড়া মহিষ ঘোড়া পথের ধারে চিৎপাত;
ভীষ্মলোচন গাইছে তেড়ে নাইকো তাহে দৃকপাত ।
চার পা তুলি জন্তুগুলি পড়ছে বেগে মূর্ছায়,
লাঙ্গুল খাড়া পাগল পারা বলছে রেগে "দূর ছাই!"

Butting Muse

Belting along a summer song, *Vishmalochan Sharma*
In fulsome noise assaults the sense, Delhi to Burma.
Croons like there's no tomorrow, yodels up a grand din;
People run hither-tither, their heads all in a tailspin.
A multitude, comes unglued, all injured and crying:
"Stop that noise! Be quick now! Surely, I'm dying!"
Unbridled cattle and horse tumble by wayside;
Vish drones on, in oblivion, un-stemmed his song-tide.
Heavenward four hooves pointed, poor beasts fall senseless,
Tail stuck high, mutter half-crazed: "Darn it – it's endless!"

জলের প্রাণী অবাক মানি গভীর জলে চুপচাপ্,
গাছের বংশ হচ্ছে ধ্বংস পড়ছে দেদার ঝুপ্‌ঝাপ্ ।
শূন্য মাঝে ঘূর্ণা লেগে ডিগবাজি খায় পক্ষী,
সবাই হাঁকে, "আর না দাদা, গানটা থামাও লক্ষ্মী ।"
গানের দাপে আকাশ কাঁপে দালান ফাটে বিলকুল,
ভীষ্মলোচন গাইছে ভীষণ খোশমেজাজে দিল্ খুল্ ।
এক যে ছিল পাগলা ছাগল, এমনি সেটা ওস্তাদ,
গানের তালে শিং বাগিয়ে মারলে গুঁতো পশ্চাৎ ।
আর কোথা যায় একটি কথায় গানের মাথায় ডাণ্ডা,
"বাপরে" বলে ভীষ্মলোচন এক্কেবারে ঠাণ্ডা ।

The sea-dwelling – surprising – are quiet in deep redoubt;
Strong trees just snap like twigs; a generation wiped out.
Birds in flight, twisters fight, turn cartwheels in the air;
All implore, ad nauseam, encore, "Stop! Stop!" in despair.
Rising clamor, the heavens shakes, cracks concrete edifice,
Vish still coos, in blissful muse, nary a thought of dismiss.
A mad billy-goat, of song took note; felt offended, unkind,
Gathered horn, in withering scorn: head-butted *Vish* behind.
And that was that! That's all it took – the awful din to kill;
"Ow! I'm gone!" yelled *Vishmalochan* – and all was still.

খুড়োর কল

কল করেছেন আজব রকম চণ্ডীদাসের খুড়ো—
সবাই শুনে সাবাস্ বলে পাড়ার ছেলে বুড়ো ।
খুড়োর যখন অল্প বয়স– বছর খানেক হবে—
উঠ্‌ল কেঁদে 'গুংগা' বলে ভীষণ অট্টরবে ।
আর তো সবাই 'মামা' 'গাগা' আবোল তাবোল বকে,
খুড়োর মুখে 'গুংগা' শুনে চম্‌কে গেল লোকে ।
বল্‌লে সবাই, "এই ছেলেটা বাঁচলে পরে তবে,
বুদ্ধি জোরে এ সংসারে একটা কিছু হবে ।"
সেই খুড়ো আজ কল করেছেন আপন বুদ্ধি বলে,
পাঁচ ঘন্টার রাস্তা যাবেন দেড় ঘন্টায় চলে ।
দেখে এলাম কলটি অতি সহজ এবং সোজা,
ঘন্টা পাঁচেক ঘাঁটলে পরে আপনি যাবে বোঝা ।

The Contraption

A contraption very curious built *Chandidas'* uncle –
Bravo! said the young, and the old, of sage wrinkle.
When Uncle had been but a babe, hardly a year-old –
His sudden cry of "Goonga", stopped everyone cold.
Others gurgle, 'Mama', 'Gaga', nonsense and rot;
This child coos, 'Goonga!' What a marvelous tot!
All agreed: "Should this kid live to be a man,
Make a name for himself in the world he sure can."
Uncle, of infant-fame, has made a device so clever,
Five-hour trips in ninety minutes it'll readily deliver.
I took a look: the apparatus is straightforward and simple;
You'd grasp it in a few hours without raising a pimple.

বলব কি আর কলের ফিকির, বলতে না পাই ভাষা,
ঘাড়ের সঙ্গে যন্ত্র জুড়ে এক্কেবারে খাসা ।
সামনে তাহার খাদ্য ঝোলে যার যে–রকম রুচি—
মণ্ডা মিঠাই চপ্ কাট্‌লেট্ খাজা কিংবা লুচি ।
মন বলে তায় 'খাব খাব', মুখ চলে তায় খেতে,
মুখের সঙ্গে খাবার চলে পাল্লা দিয়ে মেতে ।
এমনি করে লোভের টানে খাবার পানে চেয়ে,
উৎসাহেতে হুঁস্ রবে না চলবে কেবল ধেয়ে ।
হেসে খেলে দু–দশ যোজন চলবে বিনা ক্লেশে,
খাবার গন্ধে পাগল হয়ে জিভের জলে ভেসে ।
সবাই বলে সমস্বরে ছেলে জোয়ান বুড়ো,
অতুল কীর্তি রাখল ভবে চণ্ডীদাসের খুড়ো ।

Inner workings – what can I say! For words I'm at a loss;
It straps around one's neck like the Mariner's Albatross.*
From a beam up front swings fragrant food of your fancy –
Chops, cutlets or spiced samosas of delicious pungency.
To take a bite of such invite, as you would neck stretch,
In miming move, dangling food would move ahead a step.
And thus lured to chase fabulous feasts of your taste,
The gadget ensures that, motivated, you pursue posthaste.
Miles you'd cover by the dozen, and notice not at all;
Whiffs enticing, trail unwavering, in ardent footfall.
Said all in one voice: young, and the old of sage wrinkle,
"An achievement unparalleled leaves *Chandidas'* uncle!"

লড়াই ক্ষ্যাপা

অই আমাদের পাগলা জগাই, নিত্য হেথায় আসে;
আপন মনে গুনগুনিয়ে মুচকি–হাসি হাসে ।
চলতে গিয়ে হঠাৎ যেন থমক লেগে থামে,
তড়াক করে লাফ দিয়ে যায় ডাইনে থেকে বামে ।
ভীষণ রোখে হাত গুটিয়ে সামলে নিয়ে কোঁচা,
'এইয়ো' বলে ক্ষ্যাপার মতো শূন্যে মারে খোঁচা,
চেঁচিয়ে বলে, "ফাঁদ পেতেছ? জগাই কি তায় পড়ে?
সাত–জার্মান, জগাই একা, তবুও জগাই লড়ে ।"
উৎসাহেতে গরম হয়ে তিড়িংবিড়িং নাচে,
কখনও যায় সামনে তেড়ে, কখনও যায় পাছে ।

Battle Crazed

Ah! There goes our crazy *Jagai* – comes here every day,
Hums himself his private tune; to himself smiles away.
Makes like he's about to walk, then suddenly stops short;
Hops right to left in swift sidestep, quick bound and trot.
In great vehemence, rolled up sleeves 'n' gathered up attire,
Yells, 'Yahoo!', then bunches fist and pokes it in the air.
Hollers, "Set a trap, have you? Think *Jagai* would fall?
Seven Huns* 'gainst one *Jagai*; yet *Jagai* takes on all."
Dances, hot in keen excitement; a veritable jumping jack;
Charges ahead at certain times, at other times pulls back.

এলোপাতাড়ি ছাতার বাড়ি ধুপুস্ ধাপুস্ কতো!
চক্ষু বুজে কায়দা খেলায় চর্কিবাজির মতো ।
লাফের চোটে হাঁপিয়ে ওঠে গায়েতে ঘাম ঝরে,
দুড়ুম করে মাটির পরে লম্বা হয়ে পড়ে ।
হাত পা ছুঁড়ে চেঁচায় খালি চোখটি করে ঘোলা,
"জগাই মোলো হঠাৎ খেয়ে কামানের এক গোলা!"
এই না বলে মিনিট খানেক ছট্‌ফটিয়ে খুব,
মড়ার মত শক্ত হ'য়ে এক্কেবারে চুপ!
তার পরেতে সটান বসে চুলকে খানিক মাথা,
পকেট থেকে বার করে তার হিসেব লেখার খাতা ।
লিখলো তাতে – "শোনরে জগাই, ভীষণ লড়াই হলো,
পাঁচ ব্যাটাকে খতম করে জগাইদাদা মোলো ।"

Rolled umbrella he whacks about in haphazard strokes;
Twirls around in effortless style, like spinning fireworks.
Breathless and dripping sweat from many a leap and bound,
With almighty thud, drops prostrate, down onto the ground.
Flings arms and legs about; with glazed eyes cries, anon –
"Poor *Jagai* is dreadful-dead, from sudden shot of cannon!"
Having cried thus, and for a minute having fidgeted violent,
Makes like the dead, stiff as a board; goes absolutely silent.
Then sits up ramrod straight, and scratches his head some,
Fishing from his pocket out an accountants' ledger tome.
In that he wrote, "Listen, *Jagai*, a great battle transpired;
Finishing off five rogues first, *Jagai* The Great expired."

সাবধান

আরে আরে, ওকি কর প্যালারাম বিশ্বাস?
ফোঁস্ ফোঁস্ অত জোরে ফেলোনাকো নিশ্বাস ।
জানো নাকি সে–বছর ও–পাড়ার ভূতোনাথ,
নিশ্বাস নিতে গিয়ে হয়েছিল কুপোকাত?

হাঁপ ছাড় হ্যাঁসফ্যাঁস ও–রকম হাঁ করে—
মুখে যদি ঢুকে বসে পোকা মাছি মাকড়ে?
বিপিনের খুড়ো হয় বুড়ো সেই হল রায়,
মাছি খেয়ে পাঁচমাস ভুগেছিল কলেরায় ।
তাই বলি—সাবধান! করোনাকো ধুপ্‌ধাপ্,
টিপি টিপি পায় পায় চলে যাও চুপ্‌চাপ্ ।
চেয়োনাকো আগে পিছে, যেয়োনাকো ডাইনে
সাবধানে বাঁচে লোকে—এই লেখে আইনে ।

পড়েছো তো কথামালা? কে যেন সে কি করে
পথে যেতে পড়ে গেল পাতকোর ভিতরে?
ভাল কথা—আর যেন সকালে কি দুপুরে,
নেয়োনাকো কোনদিন ঘোষেদের পুকুরে;
এ–রকম মোটা দেহে কি যে হবে কোন দিন,
কথাটাকে ভেবে দেখ কি–রকম সঙ্গিন ।

চটো কেন? হয় নয় কেবা জানে পষ্ট,
যদি কিছু হয়ে পড়ে পাবে শেষে কষ্ট ।
মিছিমিছি ঘ্যান্‌ঘ্যান্ কেন কর তক্ক;
শিখেছ জ্যাঠামো খালি, ইঁচড়েতে পক্ক ।
মানবে না কোনো কথা চলা ফেরা আহারে,
একদিন টের পাবে ঠেলা কয় কাহারে ।

রমেশের মেজমামা সেও ছিল সেয়না,
যত বলি ভালো কথা কানে কিছু নেয় না;
শেষকালে একদিন চান্নির বাজারে
পড়ে গেল গাড়ি চাপা রাস্তার মাঝারে ।

Caution

Stop! Stop! Desist, now, Victor Delgado,*
Pant not so hard you whip up a tornado!
Know not, last year, Pablo next floor,
Breathed hard, almost was at death's door?

Gasp not so loud through your big mouth;
What if bugs fly straight down it south?
Ricardo's uncle – the one from Madeira,
Ate a fly, months five, suffered from cholera.
Careful – therefore! Make but no sound;
Pass through silent, tippy-toe, homebound.
Look not left-right, wander or yaw;
Caution saves lives – such writes in law.

Recall the poor chap from the fables of yore?
Going his merry way, down a well fell, sore?
Ah! One more thing: mornings 'n' noonday,
Bathe not - not ever - in pond or pool may;
A figure this plump – you never know when…
It's all rather precarious – I'm sure you ken.

Why get annoyed? Who knows for sure,
If bad stuff befalls, what you might endure?
Don't just argue some silly nonsense junk;
Have some respect, you, smarty-pants punk!
You heed not advice on movement or meal;
With a rude awakening, might one day deal.

Miguel's uncle – he a man ever so guileful,
Of all my sage advice, never was mindful.
One day at market, having gone to buy roast,
Got run-over mid-street and gave up the ghost!

ছায়াবাজী

আজগুবি নয়, আজগুবি নয়, সত্যিকারের কথা—
ছায়ার সাথে কুস্তি করে গাত্রে হল ব্যথা ।
ছায়া ধরার ব্যাবসা করি তাও জানোনা বুঝি?
রোদের ছায়া, চাঁদের ছায়া, হরেক রকম পুঁজি!

শিশির ভেজা সদ্য ছায়া, সকাল বেলায় তাজা,
গ্রীষ্মকালে শুকনো ছায়া ভীষণ রোদে ভাজা ।
চিলগুলো যায় দুপুরবেলায় আকাশ পথে ঘুরে,
ফাঁদ ফেলে তার ছায়ার উপর খাঁচায় রাখি পুরে ।

কাগের ছায়া বগের ছায়া দেখছি কত ঘেঁটে
হাল্কা মেঘের পানসে ছায়া তাও দেখেছি চেটে ।
কেউ জানে না এ–সব কথা কেউ বোঝে না কিছু,
কেউ ঘোরে না আমার মত ছায়ার পিছুপিছু ।

Shadow Play

Not fantasy nor fairy tale, 'tis the truth, to be sure,
From wrestling a shadow, my poor frame is sore.
Ply a trade in shadows I; don't you know that story?
Sun-shadows and moon shadows; varied inventory!

Dawn shadows, sleek and fresh, new in dew wetted;
Summer-shadows, crispy-fried, sunburnt, desiccated.
Hawks, that at hot high noon, fly circles in the sky,
Set traps on their soaring shadows; snare in cages I.

Crow-shadows and stork – a myriad have I picked;
Bland ones of cloud-wisps too, I've got them licked.
None realize, nor can fathom – not by a long chalk;
None can stalk shadows as I, pursue round the clock.

তোমরা ভাব গাছের ছায়া অমনি লুটায় ভূঁয়ে,
অমনি শুধু ঘুমায় বুঝি শান্ত মত শুয়ে;
আসল ব্যাপার জানবে যদি আমার কথা শোনো,
বলছি যা তা সত্যি কথা, সন্দেহ নাই কোনো ।

কেউ যবে তার রয়না কাছে, দেখতে নাহি পায়,
গাছের ছায়া ফটফটিয়ে এদিক ওদিক চায় ।
সেই সময়ে গুড়্‌গুড়িয়ে পিছন হতে এসে
ধামায় চেপে ধপাস করে ধরবে তারে ঠেসে ।

Think you would, tree-shadows just lie down aground,
Looking like they're fast asleep, peaceful and sound?
The real story, if you wish to know, just you ask me;
The absolute truth, without doubt, I tell you, verily:

When they perceive no one's about; not a soul in glance,
Cautiously peer here and there – look about askance.
That's when you creep up behind, that's when to risk it:
Jump up sudden, spring your trap, stuff 'em in a basket.

পাতলা ছায়া, ফোকলা ছায়া, ছায়া গভীর কালো—
গাছের চেয়ে গাছের ছায়া সব রকমেই ভাল ।
গাছ গাছালি শেকড় বাকল মিথ্যে সবাই গেলে,
বাপ্‌রে বলে পালায় ব্যামো ছায়ার ওষুধ খেলে ।

নিমের ছায়া ঝিঙের ছায়া তিক্ত ছায়ার পাক,
যেই খাবে ভাই অঘোর ঘুমে ডাকবে তাহার নাক ।
চাঁদের আলোয় পেঁপের ছায়া ধরতে যদি পারো,
শুঁকলে পরে সর্দিকাশি থাকবে না আর কারো ।

আমড়া গাছের নোংরা ছায়া কামড়ে যদি খায়,
লাংড়া লোকের ঠ্যাং গজাবে সন্দেহ নেই তায় ।
আষাঢ় মাসের বাদলা দিনে বাঁচতে যদি চাও,
তেঁতুল তলার তপ্ত ছায়া হপ্তা তিনেক খাও ।

মৌয়া গাছের মিষ্টি ছায়া 'ব্লটিং' দিয়ে শুষে,
ধুয়ে মুছে সাবধানেতে রাখছি ঘরে পুষে!
পাক্কা নতুন টাট্‌কা ওষুধ এক্কেবারে দিশি—
দাম করেছি সস্তা বড় চোদ্দ আনা শিশি ।

Dark shadows 'n' light shadows, shadows without fetter;
In comparison with actual trees, tree-shadows are better.
Herbs, barks, shoots, roots, saplings: remedies futile;
Shadow-meds make ailments cry "Uncle"; run a mile.

He who imbibes bitter shadows of *Neem* bark and more,
Good night's sleep begets he in deep sonorous snore.
Papaya-shadow, by moonlight, if you snag off the tree,
One sniff, and of cold and cough, forever would be free.

Dirty shades of hog-plum tree, if they bite and chew out,
The disabled sprout a pair of legs, that's beyond a doubt.
Desirous from damp sickness of monsoon rains escape?
Doses of hot tamarind shadow, for a week or three take.

Sweet shades o' *Mahua* tree, with a blotter I soak up;
Squeeze 'em out, real careful, in ampoules lock up.
Downright new, fresh treatment – purely indigenous;
Priced them real cheap a vial: just fourteen *annas.*[*]

কুমড়োপটাশ

(যদি) কুমড়োপটাশ নাচে—
খবরদার এসো না কেউ আস্তাবলের কাছে;
চাইবে নাকো ডাইনে বাঁয়ে চাইবে নাকো পাছে;
চার পা তুলে থাকবে ঝুলে হট্টমূলার গাছে ।
(যদি) কুমড়োপটাশ কাঁদে—
খবরদার! খবরদার! বসবে না কেউ ছাদে;
উপুড় হয়ে মাচায় শুয়ে লেপ কম্বল কাঁধে,
বেহাগ সুরে গাইবে খালি 'রাধে কৃষ্ণ রাধে!'
(যদি) কুমড়োপটাশ হাসে—
থাকবে খাড়া একটি ঠ্যাঙে রান্নাঘরের পাশে;
ঝাপসা গলায় ফার্সি কবে নিশ্বাসে ফিস্‌ফাসে;
তিনটি বেলা উপোস করে থাকবে শুয়ে ঘাসে!

Pumpkin-Pudge

(Should) Pumpkin-Pudge dance –
Beware! On no account, must stable-wards advance;
Look not right, nor to the left; don't backwards glance;
Dangle from loft-radish bough, in four-leg-upend stance.
(Should) Pumpkin-Pudge cry –
Beware! Beware! Rooftop perch mustn't even try;
Bundle up in blankets, lie prone on a hammock high;
In melodies of *Bihag*,* endless, *Radhe Krishna Radhe*† sigh.
(Should) Pumpkin-Pudge laugh –
By the kitchen, on one leg, stay standing like a staff;
In hushed tones speak Persian; breath bated by half;
Fast three meals – nope, no appeal – lie on grass-chaff.

(যদি) কুমড়োপটাশ ছোটে—
সবাই যেন তড়বড়িয়ে জানালা বেয়ে ওঠে;
হুঁকোর জলে আলতা গুলে লাগায় গালে ঠোঁটে;
ভুলেও যেন আকাশ পানে তাকায় না কেউ মোটে!
(যদি) কুমড়োপটাশ ডাকে—
সবাই যেন শ্যামলা এঁটে গামলা চড়ে থাকে;
ছেঁচকি শাকের ঘন্ট বেটে মাথায় মলম মাখে;
শক্ত ইঁটের তপ্ত ঝামা ঘষতে থাকে নাকে ।
তুচ্ছ ভেবে এ–সব কথা করছ যারা হেলা,
কুমড়োপটাশ জানতে পেলে বুঝবে তখন ঠেলা ।
দেখবে তখন কোন্ কথাটি কেমন করে ফলে,
আমায় তখন দোষ দিও না, আগেই রাখি বলে ।

(Should) Pumpkin-Pudge run –
Double-quick, up window-sill, scramble everyone;
In red-rouged hookah-water, douse cheek overdone;
Make sure again, by mistake even, skywards look none.
(Should) Pumpkin-Pudge call –
Rondelles on heads tightly fixed, ride bathtubs all;
On foreheads apply spinach-paste, like rubbing-alcohol;
With hot pumice of very hard brick, scrub noses overall.
If you think this too trivial and pay not any heed,
Once Pumpkin-Pudge finds out, it's comeuppance indeed!
You'll realize then, I promise you, as my sayings prove right,
Don't blame me then. Don't say that I gave you no foresight.

প্যাঁচা আর প্যাঁচানী

প্যাঁচা কয় প্যাঁচানী,
    খাসা তোর চ্যাঁচানি
শুনে শুনে আন্‌মন
    নাচে মোর প্রাণমন!
মাজা–গলা চাঁচা–সুর
    আহ্লাদে ভরপুর!
গলা–চেরা ধমকে
    গাছ পালা চমকে,

Owl and Owlin

Owl says Owlin –
    Nice caterwaulin'.
In dulcet cadences –
    My soul fair prances.
Throaty, delightful,
    Your serenade soulful.
Shrill note hard rife,
    Startles plant life.

সুরে সুরে কত প্যাঁচ
    গিট্‌কিরি ক্যাঁচ্ ক্যাঁচ্!
যত ভয় যত দুখ
    দুরু দুরু ধুক্ ধুক্,
তোর গানে পেঁচি রে
    সব ভুলে গেছি রে,
চাঁদমুখে মিঠে গান
    শুনে ঝরে দু'নয়ান।

Tunes twine tangled,
    In melodies mangled.
All sorrow, all dread
    And fearful tread,
With your tunes, yet,
    I clean forget.
Comely, sweet cries,
    Mist up my eyes.

———————

কাতুকুতু বুড়ো

আর যেখানে যাও না রে ভাই সপ্তসাগর পার,
কাতুকুতু বুড়োর কাছে যেও না খবরদার!
সর্বনেশে বৃদ্ধ সে ভাই যেও না তার বাড়ী—
কাতুকুতুর কুল্পি খেয়ে ছিঁড়বে পেটের নাড়ী।
কোথায় বাড়ী কেউ জানে না, কোন্ সড়কের মোড়ে,
একলা পেলে জোর ক'রে ভাই গল্প শোনায় প'ড়ে।
বিদ্ঘুটে তার গল্পগুলো না জানি কোন্ দেশী,
শুনলে পরে হাসির চেয়ে কান্না আসে বেশী।
না আছে তার মুণ্ডু মাথা, না আছে তার মানে,
তবুও তোমায় হাসতে হবে তাকিয়ে বুড়োর পানে।

Tickling Old-Timer

Wander across the seven seas, go you will wherever,
Of Tickling Old-Timer beware, avoid him forever.
Perilous old person he is – never at home visit;
His tickly tricks will surely knit your guts all in a twist.
No one's sure where he lives; across which streets,
He'll force you hear, caught unaware, stories he bleats.
Very wacky his yarns are too – absurd and awry;
Instead of being amused, you'll far more likely cry.
Neither head nor tail have they, nor have they meaning;
Pretend you must to like them still; at old man grinning.

কেবল যদি গল্প বলে তাও থাকা যায় সয়ে,
গায়ের উপর সুড়সুড়ি দেয় লম্বা পালক লয়ে।
কেবল বলে, "হোঃ হোঃ হোঃ, কেষ্টদাসের পিসি—
বেচ্ত খালি কুমড়ো কচু হাঁসের ডিম আর তিসি।
ডিমগুলো সব লম্বা মতন, কুমড়োগুলো বাঁকা,
কচুর গায়ে রঙ—বেরঙের আল্পনা সব আঁকা।
অষ্ট প্রহর গাইত পিসি আওয়াজ ক'রে মিহি,
ম্যাও ম্যাও ম্যাও বাকুম বাকুম ভৌ ভৌ ভৌ চীঁহি।"
এই না বলে কুটুৎ ক'রে চিমটি কাটে ঘাড়ে,
খ্যাংরা মতন আঙুল দিয়ে খোঁচায় পাঁজর হাড়ে।
তোমায় দিয়ে সুড়সুড়ি সে আপনি লুটোপুটি,
যতক্ষণ না হাসবে তোমার কিচ্ছুতে নাই ছুটি।

Were it just tales he told, maybe one could weather,
But tickles you he, on top of it, using a long feather.
Says he ceaseless: "Ho! Ho! Ho! *Kestodas'* aunt,
Used to sell duck-eggs and pumpkins and plant.
The eggs were all long in shape, the pumpkins but bent;
Around the plants multi-colored patterns in paint went.
Round the clock sang this aunt like a donkey at bray,
Meow meow meow wackum wackum wuf wuf wuf neigh."
And, so saying, he leaps up sudden, nips you in the nape;
Lunges at with skinny finger, your ribs poke and scrape.
Tickles you thus, but himself laughs, rolling on the floor;
Until you laugh with him, there's no getting out the door.

বুড়ীর বাড়ী

গালভরা হাসিমুখে চালভাজা মুড়ি,
ঝুরঝুরে প'ড়ো ঘরে থুরথুরে বুড়ী।
কাঁথাভরা ঝুলকালি, মাথাভরা ধুলো,
মিট্‌মিটে ঘোলা চোখ, পিট খানা কুলো।
কাঁটা দিয়ে আঁটা ঘর—আঠা দিয়ে সেঁটে,
সূতো দিয়ে বেঁধে রাখে থুতু দিয়ে চেটে।
ভর দিতে ভয় হয় ঘর বুঝি পড়ে,
খক্ খক্ কাশি দিলে ঠক্ ঠক্ নড়ে।

Derelict Shack

Smiling broadly, wolfing a rice snack,
Grizzled old woman in her derelict shack.
Cobwebby blanket, hair covered in dust,
Back-bent, eyes rheumy, in color of rust.
The nailed-up, gum-taped old hut, decrepit,
Holds up makeshift string ties spit-licked.
A lean-to(o)* precarious: lean, and it might fall,
Cough too loud and it shakes in close call.

ডাকে যদি ফিরিওয়ালা, হাঁকে যদি গাড়ী,
খসে পড়ে কড়িকাঠ ধসে পড়ে বাড়ী।
বাঁকাচোরা ঘরদোর ফাঁকা ফাঁকা কত,
ঝাঁট দিলে ঝরে প'ড়ে কাঠকুটো যত।
ছাদগুলো ঝুলে পড়ে বাদ্‌লায় ভিজে,
একা বুড়ী কাঠি গুঁজে ঠেকা দেয় নিজে।
মেরামত দিনরাত কেরামত ভারি,
থুর্‌থুরে বুড়ী তার ঝুর্‌ঝুরে বাড়ী।।

Honks if carriage or hawks street-vendor,
Tumble rafters – shack crashes asunder.
Askew chambers, all hollow amidships,
Sweep, and it rains down a hail of wood chips,
From rains weighted, the roof gets sag-prone,
Props up with sticks, herself, the old crone
Repairs copious must all day night hack,
Grizzled old woman in her derelict shack.

হাতুড়ে

একবার দেখে যাও ডাক্তারি কেরামৎ —
কাটা ছেঁড়া ভাঙা চেরা চট্‌পট্‌ মেরামৎ।
কয়েছেন গুরু মোর, "শোন শোন বৎস,
কাগজের রোগী কেটে আগে কর মক্‌স।"

উৎসাহে কি না হয়? কি না হয় চেষ্টায়?
অভ্যাসে চট্‌পট্‌ হাত পাকে শেষটায়।
খেটে খুটে জল হ'ল শরীরের রক্ত,
শিখে দেখি বিদ্যেটা নয় কিছু শক্ত।

কাটা ছেঁড়া ঠুক্‌ঠাক্‌, কত দেখ যন্ত্র,
ভেঙে চুরে জুড়ে দেই তারও জানি মন্ত্র।
চোখ বুজে চট্‌পট্‌ বড় বড় মূর্তি,
যত কাটি ঘ্যাঁস্‌ ঘ্যাঁস্‌ তত বাড়ে ফুর্তি।

The Quack

Come over, check out doctor brilliant –
Cut, scrape, break, sprain repaired instant.
Advised mentor: "Listen, Apprentice,
Cut up paper dolls first for practice."

Zest and effort when keen zeal infects,
One knows, of course, practice perfects.
In medical-learning I am battle-scarred,
Over time figured, the art's not too hard.

Scissors, scalpel, tools and know-how,
Broke-bone make-whole, all I've learnt now.
Cut up, effortless, big effigies, gleeful,
The more I slice, the more am cheerful.

ঠ্যাং–কাটা গলা–কাটা কত কাটা হস্ত,
শিরিষের আঠা দিয়ে জুড়ে দেই চোস্ত।
এইবারে বলি তাই, রোগী চাই জ্যান্ত—
ওরে ভোলা, গোটাছয় রোগী ধরে আন্ত!

গেঁটেবাতে ভুগে মরে ও পাড়ার নন্দী,
কিছুতেই সারাবে না এই তার ফন্দি—
একদিন এনে তারে এইখানে ভুলিয়ে,
গেঁটেবাত ঘেঁটে–ঘুঁটে সব দেব ঘুলিয়ে।

Cut throats and legs; hands and the rest,
Quick-set wood-glue puts back best.
Time to treat now real patients live –
You, *Bhola*, go out and fetch me five!

Suffers from arthritis our Mr. *Nandy*,
Avoids treatment; offer threat or candy.
One day soon, I plan to him here lure,
Artfully operate, and his arthritis cure.

কার কানে কট্‌কট্ কার নাকে সর্দি,
এস, এস, ভয় কিসে? আমি আছি বদ্যি।
শুয়ে কেরে? ঠ্যাং–ভাঙা? ধ'রে আন এখেনে,
স্ক্রুপ দিয়ে এঁটে দেব কি রকম দেখেনে।

গালফোলা কাঁদো কেন? দাঁতে বুঝি বেদনা?
এস, এস, ঠুকে দেই–আর মিছে কেঁদো না।
এই পাশে গোটা দুই, ওই পাশে তিনটে—
দাঁতগুলো টেনে দেখি—কোথা গেল চিমটে?

ছেলে হও, বুড়ো হও, অন্ধ কি পঙ্গু,
মোর কাছে ভেদ নাই, কলেরা কি ডেঙ্গু—
কালাজ্বর, পালাজ্বর, পুরনো কি টাট্‌কা,
হাতুড়ির একঘায়ে একেবারে আট্‌কা!

Cold, cough, earache – pain no factor,
Come here, fear not, I'm the doctor.
Who's that lying down? Busted leg?
Bring him here; fixed with screw and peg!

What ails you now? Have a toothache?
Hit with hammer I, prompt well make.
Couple teeth this side, three on the other –
Pair of pliers plucks – teeth no bother.

Old patient or young; blind or lame,
Cholera or dengue – the cure is the same.
Fresh or chronic; black-fever or yellow,
Heals instant, an astute hammer-blow!

Rhymes *of* Whimsy – The Complete Abol Tabol. Dual-Language Edition.

কিম্ভূত!

বিদ্‌ঘুটে জানোয়ার কিমাকার কিম্ভূত,
সারাদিন ধ'রে তার শুনি শুধু খুঁতখুঁত।
মাঠপারে ঘাটপারে কেঁদে মরে খালি সে,
ঘ্যান্ ঘ্যান্ আব্‌দারে ঘন ঘন নালিশে।
এটা চাই সেটা চাই কত তার বায়না—
কি যে চায় তাও ছাই বোঝা কিছু যায় না।

কোকিলের মত তার কন্ঠেতে সুর চাই,
গলা শুনে আপনার, বলে, "উঁহুঁ, দূর ছাই!"
আকাশেতে উড়ে যেতে পাখিদের মানা নেই।
তাই দেখে মরে কেঁদে–তার কেন ডানা নেই।
হাতিটার কি বাহার দাঁতে আর শুণ্ডে—
ও–রকম জুড়ে তার দিতে হবে মুণ্ডে!

Wacky No-One

Wacky that animal: very weird jumble,
All day long, does ceaseless grumble.
Field and stream he roams in complain,
Whines fair frightful in constant refrain:
Need this, want that – always pining,
What really he wants, defeats divining.

Wants, like a bird, to croon in sweet tweet,
Of his voice own, claims, "It's downbeat!"
Birds fly unfettered up blue sky high,
Sad why he lacks wings, settles down to cry.
Grand looks elephant in tusk and trunk sage,
Demands the same be bolt on his visage.

ক্যাঙ্গারুর লাফ দেখে হয় তার হিংসে—
ঠ্যাং চাই আজ থেকে ঢ্যাংঢেঙে চিম্‌সে!
সিংহের কেশরের মত তার তেজ কই?
পিছে খাসা গোসাপের খাঁজকাটা লেজ কই?
একলা সে সব হ'লে মেটে তার প্যাখ্‌না;
যারে পায় তারে বলে, "মোর দশা দেখ্‌না!"

কেঁদে কেঁদে শেষটায়—আষাঢ়ের বাইশে
হ'ল বিনা চেষ্টায় চেয়েছে যা তাই সে।
ভুলে গিয়ে কাঁদাকাটি আহলাদে আবেশে
চুপি চুপি একলাটি ব'সে ব'সে ভাবে সে—
লাফ দিয়ে হুশ্ করে হাতি কভু নাচে কি?
কলাগাছ খেলে পরে ক্যাঙ্গারুটা বাঁচে কি?

Kangaroo's leaps turn him envious green,
Such legs must have, all lanky and lean.
Lion's mane, why, he lacks, so ferocious?
Why not serrated lizard-tail, curvaceous?
Only all of that would sate his yearning
Laments to all: "Look! I'm in mourning!"

Finally, for long having cried and ranted,
Magically happened, the thing he wanted.
Mourning forgot; in delight intoxicated,
Sat quietly alone and long ruminated:
Does an elephant jump *whoosh* up high?
On a diet of plantains, do kangaroos die?

ভোঁতামুখে কুহুডাক শুনে লোকে কবে কি?
এই দেহে শুঁড়ো নাক খাপছাড়া হবে কি?
বুড়ো হাতি ওড়ে ব'লে কেউ যদি গালি দেয়?
কান টেনে ল্যাজ্ ম'লে 'দুয়ো' বলে তালি দেয়?
কেউ যদি তেড়ে মেড়ে বলে তার সামনেই—
"কোথাকার তুই কেরে, নাম নেই ধাম নেই?"

জবাব কি দেবে ছাই, আছে কিছু বল্বার?
কাঁচুমাচু ব'সে তাই, মনে শুধু তোল্পাড়—
"নই ঘোড়া, নই হাতি, নই সাপ বিচ্ছু,
মৌমাছি প্রজাপতি নই আমি কিচ্ছু।
মাছ ব্যাং গাছপাতা জলমাটি ঢেউ নই,
নই জুতা, নই ছাতা, আমি তবে কেউ নই!"

Can tweeting bird-calls, a face like this grace?
Does trunk on body such, look out of place?
Airborne old elephant, if accepts no one?
If they box his ears, twist tail, make fun?
Charges someone straight to his face:
"Who're you, bud? What name, what race?"

How to respond? How such doubts foil?
Sits sheepish; troubled mind in turmoil –
"Am not horse, scorpion, reptile or elephant,
Bee nor butterfly – or winged coelacanth!
Fish, frog, shrubbery, earth, sea, wave, none;
Not shoes or umbrella, I must be No-One!"

––––––––––

চোর ধরা

আরে ছি ছি! রাম রাম! ব'লো নাহে ব'লো না,
চল্‌ছে যা জুয়াচুরি, নাহি তার তুলনা!
যেই আমি দেই ঘুম টিফিনের আগেতে,
ভয়ানক ক'মে যায় খাবারের ভাগেতে!
রোজ দেখি খেয়ে গেছে, জানিনাকো কারা সে,
কালকে যা হ'য়ে গেল ডাকাতির বাড়া সে!
পাঁচখানা কাট্‌লেট, লুচি তিন গণ্ডা,
গোটা দুই জিবে গজা, গুটি দুই মণ্ডা,
আরো কত ছিল পাতে আলুভাজা ঘুঙ্‌নি—
ঘুম থেকে উঠে দেখি পাতাখানা শূন্যি!

To Catch a Thief

Disgraceful, I tell you! Do be aware,
Con-games, rampant, beyond compare!
Soon as I take my nap, pre-lunch,
Wake up to portions reduced a bunch.
Food purloined – my daily misery,
Yesterday surpassed highway robbery.
Burgers, five, I had on a plate,
Breadsticks 'n' pizza, topped cheese grate.
Piled atop were fritters aplenty –
From nap awoke to find plate empty!

তাই আজ ক্ষেপে গেছি—কত আর পার্‌ব?
এতদিন স'য়ে স'য়ে এইবারে মার্‌ব।
খাড়া আছি সারাদিন হুঁশিয়ার পাহারা,
দেখে নেব রোজ রোজ খেয়ে যায় কাহারা।
রামু হও, দামু হও, ওপাড়ার ঘোষ বোস্‌—
যেই হও, এইবারে থেমে যাবে ফোঁস্‌ফোঁস্‌।
খাট্‌বে না জারিজুরি আঁটবে না মারপ্যাঁচ্‌
যারে পাব ঘাড়ে ধ'রে কেটে দেব ঘ্যাঁচ্‌ঘ্যাঁচ্‌।
এই দেখ ঢাল নিয়ে খাড়া আছি আড়ালে,
এইবারে টের পাবে মুণ্ডুটা বাড়ালে।
রোজ বলি 'সাবধান!' কানে তবু যায় না?
ঠেলাখানা বুঝ্‌বি তো এইবারে আয় না!

Am sore, therefore; can one take more?
Borne enough yet; must now even score.
Day-long, hence, I stand guard, watchful,
Will catch, for sure, food-thieves, deceitful.
Whoever you might be, Tom, Dick or Harry* –
Once apprehended you're going to be sorry!
Trickery, treachery or guile yours futile,
Once I catch you, I'll punish you in style.
Here I wait hid, ready baseball-bat,†
Just you rear head, will bring down pat.
Warnings, daily, still falling on deaf ears?
Try once more – you'll meet your worst fears!

ভাল রে ভাল

দাদা গো! দেখ্‌ছি ভেবে অনেক দূর—
এই দুনিয়ার সকল ভাল,
আসল ভাল নকল ভাল,
সস্তা ভাল দামীও ভাল,
তুমিও ভাল আমিও ভাল,
হেথায় গানের ছন্দ ভাল,
হেথায় ফুলের গন্ধ ভাল,
মেঘ–মাখানো আকাশ ভাল,
ঢেউ–জাগানো বাতাস ভাল,
গ্রীষ্ম ভাল বর্ষা ভাল,
ময়লা ভাল ফর্‌সা ভাল,
পোলাও ভাল কোর্মা ভাল,
মাছ পটলের দোল্‌মা ভাল,

It's All Good

Harken! Thought this through really quite far –
In this world, is all good.
Real is good, unreal good.
Cheap is good; and dear, good.
I am good – and you are good.
Here, sing-song cadences good.
Sweet smelling flower-scents good.
Cloud-decked yonder welkin good.
The wind is surf-raisin' good.
Winter's good, summer is good.
Dark is good and fair is good.
Curries good and fried-rice good.
Fish 'n' veggies with spice good.

কাঁচাও ভাল পাকাও ভাল,
সোজাও ভাল বাঁকাও ভাল,
কাঁসিও ভাল ঢাকও ভাল,
টিকিও ভাল টাকও ভাল,
ঠেলার গাড়ী ঠেল্‌তে ভাল,
খাস্তা লুচি বেল্‌তে ভাল,
গিট্‌কিরি গান শুনতে ভাল,
শিমুল তুলো ধুন্‌তে ভাল,
ঠাণ্ডা জলে নাইতে ভাল,
কিন্তু সবার চাইতে ভাল—
পাঁউরুটি আর ঝোলা গুড় ।

Raw is good, ripened good.
Straight is good, twisted good.
Gongs are good, drumbeats good.
Cowlicks good; bald pates good.
Push-carts, to push are good.
Bruschetta, to brush are good.
Bold tenor is for listenin' good.
And cotton-wool, to gin is good.
Cool water is for a bath good.
But none better the world hath good,
Than pancake and maple syrup.*

অবাক কাণ্ড

শুন্‌ছ দাদা! ঐ যে হোথায় বদ্যি বুড়ো থাকে,
সে নাকি রোজ খাবার সময় হাত দিয়ে ভাত মাখে?
শুন্‌ছি নাকি খিদেও পায় সারা দিন না খেলে?
চক্ষু নাকি আপনি বোজে ঘুমটি তেমন পেলে?
চল্‌তে গেলে ঠ্যাং নাকি তার ভূঁয়ের পরে ঠেকে?
কান দিয়ে সব শোনে নাকি? চোখ দিয়ে সব দেখে?
শোয় নাকি সে মুণ্ডটাকে শিয়র পানে দিয়ে?
হয় কি না হয় সত্যি মিথ্যা চল্‌ না দেখি গিয়ে?

What a Surprise!

Hey! ’bout that old druid – of yon, yonder seat,
Heard that at lunchtime, he always tends to eat?
Hungry he gets if he hasn’t eaten all day?
His eyelids close naturally when sleepy from play?
Feet touch the ground, every time he walks?
Hears with his ears, all? With eyes, at all, gawks?
His noggin’s by his head, when in sleep he sprawls?
Let’s go see if all that’s right; is it true or false?

বাবু রাম সাপুড়ে

বাবুরাম সাপুড়ে, কোথা যাস্‌ বাপুরে?
আয় বাবা দেখে যা, দুটো সাপ রেখে যা—
যে সাপের চোখ্‌ নেই, শিং নেই, নোখ্‌ নেই,
ছোটে না কি হাঁটে না, কাউকে যে কাটে না,
করে নাকো ফোঁস্‌ ফাঁস্‌, মারে নাকো ঢুঁশ্‌ঢাঁশ,
নেই কোনো উৎপাত, খায় শুধু দুধ ভাত,
সেই সাপ জ্যান্ত গোটা দুই আন্‌ত!
তেড়ে মেরে ডাণ্ডা ক'রে দিই ঠাণ্ডা।

Babu - The Snake-Charmer

Babu Snake-Charmer – Where do you wander?
Sit down two shakes[*] – Put up two snakes
Snakes with no tails – No horns, no nails
Run not, nor fight – Or anyone bite
Those that don’t hiss – Nor hit or miss
Snakes that play nice – Eat milk and rice
Such snakes supple – Bring me a couple!
I’ll make so bold – (As) To knock ’em out cold.[†]

বোম্বাগড়ের রাজা

কেউ কি জান সদাই কেন বোম্বাগড়ের রাজা
ছবির ফ্রেমে বাঁধিয়ে রাখে আমসত্ত ভাজা?
রানীর মাথায় অষ্ট প্রহর কেন বালিশ বাঁধা?
পাঁউরুটিতে পেরেক ঠোকে কেন রানীর দাদা?
কেন সেথায় সর্দি হ'লে ডিগ্‌বাজি খায় লোকে?
জোছনা রাতে সবাই কেন আলতা মাখায় চোখে?
ওস্তাদেরা লেপ মুড়ি দেয় কেন মাথায় ঘাড়ে?
টাকের 'পরে পণ্ডিতেরা ডাকের টিকিট মারে?
রাত্রে কেন ট্যাঁক্‌ঘড়িটা ডুবিয়ে রাখে ঘিয়ে?
কেন রাজার বিছ্‌না পাতা শিরীষ কাগজ দিয়ে?
সভায় কেন চেঁচায় রাজা 'হুক্কা হুয়া' ব'লে?
মন্ত্রী কেন কল্‌সী বাজায় ব'সে রাজার কোলে?
সিংহাসনে ঝোলায় কেন ভাঙা বোতল শিশি?
কুমড়ো দিয়ে ক্রিকেট খেলে কেন রাজার পিসি?
রাজার খুড়ো নাচেন কেন হুঁকোর মালা প'রে?
এমন কেন ঘটছে তা কেউ বলতে পার মোরে?

King of Bombagarh

Know you why, the king of place, *Bombagarh* name,
Fried mango-wafers, keeps tucked in a photo frame?
To tie a pillow on her head why does queen bother?
Nails hammer in loaves of bread her elder brother?
Why folks there, as cold-remedy, turns-turtle ply?
Moonlit night, red-rouge paint to their eyes apply?
Experts, their heads and necks, cover up in quilts?
Postage stamps, on bald pates, stick all pundits?
Night-time, all pocket-watches, dip people in lard?
The king makes his bed, why, on sand-paper card?
At audience, why does the king, like a jackal yap?
Prime minister drums on a pot, sitting on king's lap?
Broken bottles hung on throne, why does king flaunt?
With a pumpkin play cricket, why does king's aunt?
King's uncle – wreathed in smoke-pipes, dances he?
Why is all this happening, now, can someone tell me?

শব্দকল্পদ্রুম্!

ঠাস্ ঠাস্ দ্রুম্ দ্রাম্, শুনে লাগে খট্‌কা
ফুল ফোটে? তাই বল! আমি ভাবি পট্‌কা!
শাঁই শাঁই পন্‌পন্, ভয়ে কান বন্ধ—
ওই বুঝি ছুটে যায় সে–ফুলের গন্ধ?
হুড়মুড় ধুপ্‌ধাপ্ – ওকি শুনি ভাই রে!
দেখ্‌ছ না হিম পড়ে–যেওনাকো বাইরে।
চুপ চুপ ঐ শোন্! ঝুপ্ ঝাপ্ ঝ—পাস!
চাঁদ বুঝি ডুবে গেল?—গব্ গব্ গ—বাস!
খ্যাঁশ্ খ্যাঁশ্ ঘ্যাঁচ্ ঘ্যাঁচ্, রাত কাটে ঐরে!
দুড়্ দাড়্ চুরমার–ঘুম ভাঙে কই রে!
ঘর্ ঘর্ ভন্ ভন্ ঘোরে কত চিন্তা!
কত মন নাচে শোন্—ধেই ধেই ধিন্‌তা!
ঠুং ঠাং ঢং ঢং, কত ব্যথা বাজে রে—
ফট্ ফট্ বুক ফাটে তাই মাঝে মাঝে রে!
হৈ হৈ মার্ মার্ ‘বাপ্ বাপ্’ চীৎকার—
মালকোঁচা মারে বুঝি? সরে পড়্ এইবার।

Word-fancy-*boughoom!*[*]

Bang! Bang! Boom! Blast! What was that?
Sunbursts bloom? Thought fireworks crack!
“Puff-puff! Pant-pant!”, this isn’t fun –
The blossom’s yellow, but the colors run!
Thump! Thwack! Whup! Whack! Woe, what dread!
It’s the falling dew; please mind your head.
“Glub! Glub! Gloop!”, in drowning swoon,
Westward sinks dawn’s pale half-moon.
Change rings, *ka-ching!* The night is spent
Whoosh! By rocket-ship, wake up went.
Buzz! Buzz! Spins thought, in my head
Thud! Thud! Soul-dance, feet of lead.
“Growl! Snort! Snarl!”, in roaring pain,
‘Crack!’, breaks my heart, but in vain.
“Hoodle ’um! Hoodle ’um!”, rises cry[†]
Hoodlums[†] approach? It’s time to fly!

নেড়া বেলতলায় যায় কবার?

রোদে রাঙা ইঁটের পাঁজা
তার উপরে বসল রাজা—
ঠোঙাভরা বাদামভাজা
খাচ্ছে কিন্তু গিলছে না।
গায়ে আঁটা গরম জামা
পুড়ে পিঠ হচ্ছে ঝামা;
রাজা বলে, "বৃষ্টি নামা—
নইলে কিচ্ছু মিলছে না।"

Once Bitten Twice Shy*

Sunburnt bricks piled up neat
On this King takes a seat
Bagful o' peanuts proceeds to eat
But swallows them not.
Wearing warm wool jerkin
Hot sun his back burnin'
Says King "Get a downpour in,
Else all's going to pot."

থাকে সারা দুপুর ধ'রে
ব'সে ব'সে চুপটি ক'রে,
হাঁড়িপানা মুখটি ক'রে
আঁকড়ে ধ'রে শ্লেটটুকু;
ঘেমে ঘেমে উঠছে ভিজে
ভ্যাবাচ্যাকা একলা নিজে,
হিজিবিজি লিখছে কি যে
বুঝছে না কেউ একটুকু।
ঝাঁ ঝাঁ রোদ আকাশ জুড়ে,
মাথাটার ঝাঁঝ্‌রা ফুঁড়ে,
মগজেতে নাচছে ঘুরে;
রক্তগুলো ঝনর্‌ ঝন্‌
ঠাঠা–পড়া দুপুর দিনে,
রাজা বলে, "আর বাঁচিনে,
ছুটে আন্‌ বরফ কিনে
ক'চ্ছে কেমন গা ছন্‌ছন্‌।"

Perches there all afternoon
Quiet in self-spun cocoon
Long-faced in silent gloom
Clutching his little slate.
Bathed he in sweat profuse
Befuddled in lone recluse
Writes stuff that all confuse
Its meaning none can state.
Merciless the midday sun
Drills open his head undone
Dance within his brain and churn
Swirls of boiling blood.
Hot noonday air searing
Says King, "I'm all done in!
Quick, get some ice brought in;
I don't feel so good."

সবে বলে, "হায় কি হল!
রাজা বুঝি ভেবেই মোলো!
ওগো রাজা মুখটি খোল–
কওনা ইহার কারণ কি?
রাঙামুখ পান্‌সে যেন
তেলে ভাজা আম্‌সি হেন,
রাজা এত ঘামছে কেন–
শুনতে মোদের বারণ কি?"
রাজা বলে, "কেইবা শোনে
যে কথাটা ঘুরছে মনে,
মগজের নানান্ কোণে–
আনছি টেনে বাইরে তায়,
সে কথাটা বলছি শোন,
যতই ভাব যতই গোণ,
নাহি তার জবাব কোনো
কূলকিনারা নাইরে হায়!
লেখা আছে পুঁথির পাতে,
'নেড়া যায় বেলতলাতে,'
নাহি কোনো সন্দ তাতে–
কিন্তু প্রশ্ন 'কবার যায়?'
এ কথাটা এদ্দিনেও
পারোনিকো বুঝতে কেও,
লেখেনিকো পুস্তকেও,
দিচ্ছে না কেউ জবাব তায়।
লাখোবার যায় যদি সে
যাওয়া তার ঠেকায় কিসে?
ভেবে তাই না পাই দিশে
নাই কি কিচ্ছু উপায় তার?"
এ কথাটা যেমনি বলা
রোগা এক ভিস্তিওলা
ঢিপ্ ক'রে বাড়িয়ে গলা
প্রণাম করল দুপায় তার।
হেসে বলে, "আজ্ঞে সে কি?
এতে আর গোল হবে কি?
নেড়াকে তো নিত্যি দেখি
আপন চোখে পরিষ্কার—
আমাদেরি বেলতলা সে
নেড়া সেথা খেলতে আসে
হরে দরে হয়তো মাসে
নিদেন পক্ষে পঁচিশ বার।"

Alarmed, gather all a-scurry
Opine: "King dies of worry!
O King, please do answer query,
Why are you so?
Ruddy face as dry desiccated
As old parchment resuscitated
Why King's so hot and sweated,
We've a right to know!"
Says King "Does anyone care
To solve problem, I despair;
Tell you all fair and square –
I'll let my thought out.
Listen to what I have to tell,
Ponder even you as well;
Answer none that rings any bell.
It's a veritable rout.
Says in books of learning high
'Once bitten, twice is shy.'
Question that has no reply
Is 'why twice, not more?'
From eons old to now further,
Understood none neither;
Doesn't say in books either.
No one knows for sure.
Be they shy times one million,
Can threat or gold bullion
Stop any silly rapscallion
That's really determined?"
As soon as King this had said,
Up popped a child his head.
Said, "King, from all I've read,
I've made up my mind.
Perusing as I have done,
Many a weighty learned tome;
Reflecting on 'em very hard some,
Found a way to hack
A solution elegant and clever;
Time-tested, will stand forever:
Bitten once, one shy is *never,*
If one but bites back!"

বুঝিয়ে বলা

ও শ্যামাদাস! আয়তো দেখি, বোস তো দেখি এখেনে,
সেই কথাটা বুঝিয়ে দেব পাঁচ মিনিটে, দেখে নে।
জ্বর হয়েছে? মিথ্যে কথা! ওসব তোদের চালাকি—
এই যে বাবা চেঁচাচ্ছিলি, শুনতে পাইনি? কালা কি?

মামার ব্যামো? বদ্যি ডাকবি? ডাকিস না হয় বিকেলে
না হয় আমি বাৎলে দেব বাঁচবে মামা কি খেলে!
আজকে তোকে সেই কথাটা বোঝাবই বোঝাব—
না বুঝবি তো মগজে তোর গজাল মেরে গোঁজাব।

কোন্ কথাটা? তাও ভুলেছিস্? ছেড়ে দিছিস্ হাওয়াতে?
কি বলছিলেম পরশু রাতে বিষ্টু বোসের দাওয়াতে?
ভুলিসনি তো বেশ করেছিস্, আবার শুনলে ক্ষেতি কি?
বড় যে তুই পালিয়ে বেড়াস্, মাড়াস্‌নে যে এদিক্ই!

Explanations

Hey, *Shyamadas,* come here, you! Sit here a moment,
I'll explain that thing vital, in five minutes of comment.
You're ill you say? That's a lie! Just plain old trickery –
Heard you laugh a whole lungful, a while ago in mockery.

Your uncle sick? Fetching a medic? Fetch him afternoon,
Or perhaps, *I* can suggest a way to make him well soon.
Determined today am I that you comprehend sans fail,
Even if in your noggin, I must hammer it in with a nail.

What stuff, you ask? Clean forgot? Blew it out your mind?
What'd I tell you, night before last, when last we aligned?
Oh, great, so you didn't forget; harm any in repeating?
Yet it seems you run away from it; behavior self-defeating!

বলছি দাঁড়া, ব্যস্ত কেন? বোস্ তাহলে নিচুতেই—
আজকালের এই ছোক্‌রাগুলোর তর্ সয়না কিছুতেই।
আবার দেখ! বসলি কেন? বইগুলো আন্ নামিয়ে—
তুই থাক্‌তে মুটের বোঝা বইতে যাব আমি এ?

সাবধানে আন্, ধরছি দাঁড়া–সেই আমাকেই ঘামালি,
এই খেয়েছে! কোন্ আক্কেলে শব্দকোষটা নামালি?
ঢের হয়েছে! আয় দেখি তুই বোস্ তো দেখি এদিকে—
ওরে গোপাল গোটাকয়েক পান দিতে বল্ খেঁদিকে।

What's the hurry – a minute tarry – come here, sit a while –
The young these days – impatient ways – to reason with, futile.
What's that, now? Don't just sit! Bring down those books,
When you're around, lift loads I – likely that looks?

Careful now – let me help; Darn! You've got me sweating!
No, not the thesaurus, stupid! Won't need that for working.
Enough already! Desist now – sit yourself down there,
Hey, *Gopal,* go ask *Khendi* to send some snacks up here.

বলছিলাম কি, বস্তুপিণ্ড সূক্ষ্ম হতে স্থুলেতে, অর্থাৎ কিনা লাগ্ছে ঠেলা পঞ্চভূতের মূলেতে— গোড়ায় তবে দেখতে হবে কোত্থেকে আর কি ক'রে, রস জমে এই প্রপঞ্চময় বিশ্বতরুর শিকড়ে।	Let's see: as object-matters from fine to coarse transcribe, Thrust build-up implies that at the base of elements five. One must check, at the outset, from where and how, Collects sap in the roots of this chimerical world-bough.
অর্থাৎ কিনা, এই মনে কর্, রোদ পড়েছে ঘাসেতে, এই মনে কর্, চাঁদের আলো পড়লো তারি পাশেতে— আবার দেখ! এরই মধ্যে হাই তোলবার মানে কি? আকাশপানে তাকাস্ খালি, যাচ্ছে কথা কানে কি?	That means – just suppose now – a sunlit grass-patch, Suppose also, moonbeam-sliver juxtaposed to match… Just look at you! What do you mean by already yawning? Wayward, keep looking skyward; is any sense dawning?
কি বল্লি তুই? এ সব শুধু আবোল তাবোল বকুনি? বুঝতে হলে মগজ লাগে, বলেছিলাম তখুনি। মগজভরা গোবর তোদের হচ্ছে ঘুঁটে শুকিয়ে, যায় কি দেওয়া কোন কথা তার ভিতেরে ঢুকিয়ে?—	What did you say? That this is just stuff and nonsense? To appreciate, I reiterate, needs someone less dense. A headful of dry cow-dung is what you have for brain, Useful stuff, to therein insert, one tries but in vain –
ও শ্যামাদাস! উঠলি কেন? কেবল যে চাস্ পালাতে! না শুনবি তো মিথ্যে সবাই আসিস্ কেন জ্বালাতে? তত্ত্বকথা যায় না কানে যতই মরি চেঁচিয়ে— ইচ্ছে করে ডান্পিটেদের কান ম'লে দি পেঁচিয়ে।	Hey, Shyamadas, why getting up? Forever want to run! You never listen, yet come bug me; think that this is fun? Knowledge falls on deaf ears, yell how much one might – Punish, I wish, could these rascals – screw their ears tight.

হুঁকো মুখো হ্যাংলা

হুঁকোমুখো হ্যাংলা বাড়ী তার বাংলা
মুখে তার হাসি নাই দেখেছ?
নাই তার মানে কি? কেউ তাহা জানে কি?
কেউ কভু কাছে তার থেকেছ?

শ্যামাদাস মামা তার আফিঙের থানাদার
আর তার কেউ নেই এ–ছাড়া—
তাই বুঝি একা সে মুখখানা ফ্যাকাশে,
ব'সে আছে কাঁদ–কাঁদ বেচারা?

Hookah-Face *Hyangla*

Hookah-Face *Hyangla* Makes home *Bangla*
No smile on his face so grim
What does that mean? Can anyone glean?
Was ever one close by him?

His uncle *Shyamadas* Drug-cop top brass
Is all he has to hold dear
Perhaps therefore, Face pale, sad, sore
Alone he sits close a-tear?

থপ্ থপ্ পায়ে সে নাচ্‌ত যে আয়েসে,
গালভরা ছিল তার ফুর্তি,
গাইতো সে সারাদিন "সারে গামা টিম্‌টিম্"
আহলাদে গদ–গদ মূর্তি।

এই তো সে দুপুরে বসে ওই উপরে,
খাচ্ছিল কাঁচকলা চট্‌কে—
এর মাঝে হল কি? মামা তার মোলো কি?
অথবা কি ঠ্যাং গেল মট্ কে?

Thump-thump plump feet He used to dance beat
Used to frolic and scamper
Day-long sang song "Do-re-mi-fa ting-tong"
Gleeful, glad happy camper.

Just this afternoon He sat on a pontoon
Eating mashed bananas raw
Did he sprain his ankle? Did he lose his uncle?
Cause other, for sudden gloom, one saw?

হুঁকোমুখো হেঁকে কয়, “আরে দূর, তা তো নয়,
দেখছ না কি রকম চিন্তা?
মাছি মারা ফন্দি এ যত ভাবি মন দিয়ে—
ভেবে ভেবে কেটে যায় দিনটা।

বসে যদি ডাইনে, লেখে মোর আইনে—
এই ল্যাজে মাছি মারি ত্রস্ত;
বামে যদি বসে তাও, নহি আমি পিছপাও,
এই ল্যাজে আছে তার অস্ত্র।

যদি দেখি কোনো পাজি বসে ঠিক মাঝামাঝি
কি যে করি ভেবে নাহি পাই রে —
ভেবে দেখি একি দায় কোন্ ল্যাজে মারি তায়,
দুটি বই ল্যাজ মোর নাই রে!”

Hookah-Face honks out, “Not those – not a doubt,
See, with worry I am troubled?
This strategy to swat flies The more my mind tries
The more is in vexation redoubled.

If right side a fly took It says in my book
Should swat it I with this tail
If it should sit left With left-hook deft
Of this other tail, it nail.

But if it perchance Sits middle, askance
I can think not what to do –
I'm all a-confuse Which tail to use
Have no more tail but two!”

একুশে আইন

শিব ঠাকুরের আপন দেশে,
আইন কানুন সর্বনেশে!
কেউ যদি যায় পিছ্‌লে প'ড়ে
প্যায়দা এসে পাক্‌ড়ে ধরে,
কাজির কাছে হয় বিচার—
    একুশ টাকা দণ্ড তার।।

সেথায় সন্ধ্যে ছ'টার আগে,
হাঁচতে হ'লে টিকিট লাগে;
হাঁচ্‌লে পরে বিন্‌টিকিটে—
দম্‌দমাদম্ লাগায় পিঠে,
কোটাল এসে নস্যি ঝাড়ে—
    একুশ দফা হাঁচিয়ে মারে।।

The Twenty-One Law

In God's Own Country charming,
The laws are quite alarming!
If someone should slip and fall,
The king's footmen pay a call.
Tries the offender a magistrate –
    Twenty-one bucks fine straight.

Evenings, before six, it's writ,
To sneeze, one must have a ticket.
Without ticket if you sneeze –
Must step down on your knees.*
Up your nose blows snuff someone –
    Makes you sneeze, times twenty-one.

কারুর যদি দাঁতটি নড়ে,
চারটি টাকা মাশুল ধরে,
কারুর যদি গোঁফ গজায়,
একশো আনা ট্যাক্‌স চায়—
খুঁচিয়ে পিঠে গুঁজিয়ে ঘাড়,
    সেলাম ঠোকায় একুশ বার।।

চলতে গিয়ে কেউ যদি চায়,
এদিক ওদিক ডাইনে বাঁয়,
রাজার কাছে খবর ছোটে,
পল্টনেরা লাফিয়ে ওঠে,
দুপুর রোদে ঘামিয়ে তায়
    একুশ হাতা জল গেলায়।।

Suffer if you from a loose tooth,
Pay four bucks duty at the booth.
Happen you to a moustache grow,
A hundred *annas*† tax you owe –
That's not all, in compliance mute,
    Must twenty-one times salute.

Walking, should someone sight,
Here and there, left and right,
Immediate, they the king inform,
Jump up his men in uniform.
Make you sweat in the noonday sun
    Drink water, ladles twenty-one.

Rhymes *of* Whimsy – The Complete Abol Tabol. Dual-Language Edition.

যে সব লোকে পদ্য লেখে,
তাদের ধ'রে খাঁচায় রেখে,
কানের কাছে নানান্ সুরে,
নামতা শোনায় একশো উড়ে,
সামনে রেখে মুদীর খাতা
    হিসেব কষায় একুশ পাতা।।

হঠাৎ সেথায় রাত দুপুরে,
নাক ডাকলে ঘুমের ঘোরে,
অম্নি তেড়ে মাথায় ঘষে,
গোবর গুলে বেলের কষে,
একুশটি পাক ঘুরিয়ে তাকে
    একুশ ঘন্টা ঝুলিয়ে রাখে।।

Those people who poetry write,
Get locked up in cages tight.
In cacophonous tunes varied,
Math tables in their ears they read.
In audit of grocers' accounts engages
    Make them tally twenty-one pages.

There, if sudden past midnight deep,
You happen to snore in your sleep,
They charge in and rub your head in haste,
With wood-apple and cow-dung paste.
Twenty-one times spin you around
    Hang twenty-one hours off the ground.

দাঁড়ে দাঁড়ে দ্রুম্!

ছুটছে মটর ঘটর ঘটর ছুটছে গাড়ী জুড়ি,
ছুটছে লোকে নানান্ ঝোঁকে করছে হুড়োহুড়ি;
ছুটছে কত ক্ষ্যাপার মতো পড়ছে কত চাপা,
সাহেবমেমে থমকে থেমে বলছে “মামা পাপা!”
আমরা তবু তবলা ঠুকে গাচ্ছি কেমন তেড়ে
“দাঁড়ে দাঁড়ে দ্রুম্! দেড়ে দেড়ে দেড়ে!”

বর্ষাকালে বৃষ্টিবাদল রাস্তা জুড়ে কাদা,
ঠাণ্ডা রাতে সর্দিবাতে মরবি কেন দাদা?
হোক্ না সকাল হোক্ না বিকাল হোক না দুপুর বেলা
থাক্ না তোমার আপিস যাওয়া থাক্ না কাজের ঠেলা—
এই দেখ না চাঁদনি রাতের গান এনেছি কেড়ে,
“দাঁড়ে দাঁড়ে দ্রুম্! দেড়ে দেড়ে দেড়ে!”

মুখ্যু যারা হচ্ছে সারা পড়ছে বসে একা
কেউবা দেখ কাঁচুর মাচুর কেউবা ভ্যাবাচাকা
কেউবা ভেবে হদ্দ হলো, মুখটি যেন কালি
কেউবা বসে বোকার মতো মুণ্ডু নাড়ে খালি
তার চেয়ে ভাই, ভাবনা ভুলে গাও না গলা ছেড়ে
“দাঁড়ে দাঁড়ে দ্রুম্! দেড়ে দেড়ে দেড়ে!”

বেজার হয়ে যে যার মতো করছো সময় নষ্ট
হাঁটছো কত খাটছ কত পাচ্ছ কত কষ্ট
আসল কথা বুজছো না যে করছো না যে চিন্তা
শুনছো না যে গানের মাঝে তবলা বাজে ধিন তা
পাল্লা ধরে গায়ের জোরে গিটকিরি দাও ঝেড়ে
“দাঁড়ে দাঁড়ে দ্রুম্! দেড়ে দেড়ে দেড়ে!”

Ding-a-ling and Dong

Running motors, spinning rotors, hackney carriage bustling,
Hurrying people scurrying about – each their own hustling.
Hurtling amok a multitude – tempting fate in traffic,
Tourists* stare in consternation – a scene chaotic graphic!
We however, staunch endeavor to drum a delightful song:
"Ding-a-ling and dong!"

Monsoon rains drench the city, streets covered in mud,
Of cold and flu on chilly wet nights, why take risk, bud?
No matter if it be morning, evening; no matter afternoon,
Matters not affairs of office or work piled up to the moon.
Moonlit night, come, hear us delight – serenade in song:
"Ding-a-ling and dong!"

Dimwits are they who sit all alone; heads buried in books,
Plain bewildered or wearing rather vacant, sheepish looks.
Some are lost in boundless worry; crestfallen in wake.
Sit around like a bunch of fools, their heads endless shake.
Better if you dare, to toss all care, and with us sing along:
"Ding-a-ling and dong!"

Going about your way dispirited, your time you so fritter,
Walk many miles, work countless whiles, in silence suffer.
Crux crucial, you just don't get – not thinking on your feet,
Don't you hear, in refrain clear, thrums a beckoning beat?
In sustained rigor, with redoubled vigor, join us in song:
"Ding-a-ling and dong!"

গল্প বলা

"এক যে রাজা"– "থাম্ না দাদা,
রাজা নয় সে, রাজ পেয়াদা।"
"তার যে মাতুল"– "মাতুল কি সে?—
সবাই জানে সে তার পিশে।"
"তার ছিল এক ছাগল ছানা"—
"ছাগলের কি গজায় ডানা?"
"একদিন তার ছাতের 'পরে"—
"ছাত কোথা হে টিনের ঘরে?"
"বাগানের এক উড়ে মালী"—
"মালী নয়তো! মেহের আলী।"
"মনের সাধে গাইছে বেহাগ"—
"বেহাগ তো নয়! বসন্ত রাগ।"
"থও না বাপু ঘ্যাঁচা ঘেঁচি"—
"আচ্ছা বল, চুপ করেছি।"
"এমন সময় বিছনা ছেড়ে,
হঠাৎ মামা আস্‌ল তেড়ে,
ধর্‌ল সে তার ঝুঁটির গোড়া"—
"কোথায় ঝুঁটি? টাক যে ভরা।"
"হোক না টেকো তোর তাতে কি?
লক্ষীছাড়া মুখ্যু ঢেঁকি!
ধর্‌ব ঠেসে টুঁটির 'পরে,
পিটব তোমার মুণ্ড ধ'রে—
কথার উপর কেবল কথা,
এখন বাপু পালাও কোথা?"

Storytelling

"There was a king" – *"Don't bother*
It was the king's footman, brother."
"His uncle, thin" – *"You sure of that? –*
Everyone knows that he is fat."
"Had a little kid billy-goat" –
"And did it a pair of wings sport?"
"One day on his rooftop, flat" –
"Flat top on tin-roofed shack?"
"In the orchard, an old gardener" –
"What gardener? It was the owner."
"Humming from a symphony, Mozart"*–
"Not Mozart! A composer upstart."
"Look, you need to *not* interrupt!" –
"Oh! Sure, ok! I'll just shut up!"
"Just then sudden jumped from bed
And came Uncle charging ahead
Caught him by a handful o' hair" –
"Where's the hair? His pate is bare!"
"So, he's bald! Why do you pout?
Good for nothing, stupid lout!
Catch you by the neck will I,
And spank you hard till you cry –
Keep cutting me off mid-sentence,
Let's see where you escape hence!"

নারদ! নারদ!

“হ্যাঁরে হ্যাঁরে তুই নাকি কাল
শাদাকে বল্‌ছিলি লাল?
(আর) সেদিন নাকি রাত্রি জুড়ে
নাক ডেকেছিস বিশ্রী সুরে?
(আর) তোদের পোষা বেড়ালগুলো
শুনছি নাকি বেজায় হুলো?
(আর) এই যে শুনি তোদের বাড়ি
কেউ নাকি রাখে না দাড়ি?
ক্যান্‌রে ব্যাটা ইসটুপিড?
ঠেঙিয়ে তোরে কর্‌ব টিট্‌!”

Neighbors

“Hey, heard that yesterday you said
That the color white is, in fact, red?
(And) throughout the entire night
Snored up a horrendous, tuneless fright?
(And) the pet cats you have at home
Is each actually a terrible tom?
(And) this also I have heard
Nobody at your house grows a beard?
Why is that, tell me, *ishtoopit?**
Or will wallop ye so, ye won’t forget it!”

চোপরাও তুম্‌ স্পিকটি নট্‌,
মার্‌ব রেগে পটাপট্‌—”
ফের যদি টেরাবি চোখ
কিম্বা আবার কর্‌বি রোখ,
কিম্বা যদি অম্‌নি করে
মিথ্যেমিথ্যে চ্যাঁচাস জোরে—”
আই ডোন্ট কেয়ার্‌ কানাকড়ি–
জানিস্‌ আমি স্যাণ্ডো করি?”
ফের লাফাচ্ছিস্‌ অল্‌রাইট
কামেন্‌ ফাইট্‌! কামেন্‌ ফাইট্‌!”
“ঘুঘু দেখেছ, ফাঁদ দেখনি,
টেরটা পাবে আজ এখনি!
আজকে যদি থাকতো মামা
পিটিয়ে তোমায় কর্‌ত ঝামা।—”

“Quiet, you! Speak-ye-not!
To get beaten up in anger will be your lot –”
“Make once more at me eyes vile
Or display any aggression hostile,
Or in inimitable stupidity, avowed
Over nothing at all, you yell so loud –”
*“For threats, I don’t care one red cent –
Sandow’s training course I underwent!”*
“Jumping like a jackass again? Alright!
Come on, fight! Come on, fight!”
*“The bigger they are, the harder they fall,
As you’ll find out in no time at all!
If only were my uncle here,
Would beat you from here to next year –”*

"আরে আরে! মার্‌বি নাকি?
দাঁড়া একটা পুলিশ ডাকি!"
"হাঁহাঁহাঁ! রাগ কোর না,
করতে চাও কি তাই বল না!"
"হাঁ হাঁ তাতো সত্যি বটেই
আমি তো চটিনি মোটেই!
মিথ্যে কেন লড়তে যাবি?
ভেরি–ভেরি সরি, মশলা খাবি?"
" 'শেক্‌হ্যাণ্ড' আর 'দাদা' বল
সব শোধ–বোধ ঘরে চল।"
"ডোন্ট পরোয়া অল্ রাইট্
হাউ ডু য়ু ডু গুড্ নাইট্।"

"Hit me, will you? Oh! Such gall –
Just you wait, let me a cop call!"
"Uh-oh! Hold on; don't be mad,
Tell me what you in mind had!"
"Of course! How silly! It's entirely true
That I'm not even really mad at you!
Why, for nothing, do we gripe?
I'm so sorry; smoke a peace-pipe?"
"Shake-hands and call me 'Brother',
Make up; go home – no more bother."
"Don't care no more – it's all alright
How do you do, and have a good night."

কি মুস্কিল!

সব লিখেছে এই কেতাবে দুনিয়ার সব খবর যত,
সরকারী সব অফিসখানার কোন্ সাহেবের কদর কত।
কেমন ক'রে চাট্‌নি বানায়, কেমন ক'রে পোলাও করে,
হরেক্ রকম মুষ্টিযোগের বিধান লিখছে ফলাও ক'রে।
সাবান কালি দাঁতের মাজন বানাবার সব কায়দা কেতা,
পূজা পার্বণ তিথির হিসাব শ্রাদ্ধবিধি লিখছে হেথা।
সব লিখেছে, কেবল দেখ পাচ্ছিনেকো লেখা কোথায়—
পাগলা ষাঁড়ে কর্‌লে তাড়া কেমন ক'রে ঠেকাব তায়!

That's a Problem!

Written is all in this book – world info for novices:
Which officer's valued how much in government offices
How does one *chutney* make, how to cook *pulao;*
In great detail about elixirs and other life-hack know-how.
Soap, ink, toothpaste and such, how to make at home,
Almanacs and auspicious moments, says all in this tome.
It's all there, but on one subject advice find I none:
How to fend-off a mad bull that's charging after one!

ডানপিটে

বাপ্‌রে কি ডানপিটে ছেলে!
কোন দিন ফাঁসি যাবে নয় যাবে জেলে।
একটা সে ভূত সেজে আঠা মেখে মুখে,
ঠাঁই ঠাঁই শিশি ভাঙে শ্লেট দিয়ে ঠুকে!
অন্যটা হামা দিয়ে আলমারি চড়ে,
খাট থেকে রাগ করে দুম্‌দাম্‌ পড়ে!

বাপ্‌রে কি ডানপিটে ছেলে!
শিলনোড়া খেতে চায় দুধ ভাত ফেলে!
একটার দাঁত নেই, জিভ দিয়ে ঘ'ষে,
এক মনে মোমবাতি দেশলাই চোষে!

The Daredevils

Oh! What a daredevil pair!
To the gallows headed, or prison, I despair.
One kid, ghost-like, glue-smeared face,
Breaks up bottles by hitting with a slate!
The other, on top of a cupboard crawls,
In tantrums, from crib frequently falls!

Oh! What a daredevil pair!
Grindstones, not cornflakes, to eat up dare!
One, toothless; all with his tongue he licks,
Sits focused, sucking candles 'n' matchsticks!

আরজন ঘরময় নীল কালি গুলে,
কপ্‌ কপ্‌ মাছি ধ'রে মুখে দেয় তুলে!

বাপ্‌রে কি ডানপিটে ছেলে!
খুন হ'ত টম্‌ চাচা ওই রুটি খেলে!
সন্দেহে শুঁকে বুড়ো মুখে নাহি তোলে,
রেগে তাই দুই ভাই ফোঁস ফোঁস ফোলে।
নেড়াচুল খাড়া হয়ে রাঙা হয় রাগে,
বাপ বাপ ব'লে চাচা লাফ দিয়ে ভাগে।

The other, whole rooms in blue-ink mops,
Snatches up flies, and in his mouth he pops.

Oh! What a daredevil pair!
Uncle Tom feared death to sample their fare!
He sniffed it, but suspicious, dared eat it not,
Which enraged our kid-pair, bothered and hot.
Raised hackles they; in rage, beetroot-red,
To save his hide, Uncle Tom ran away in dread.

আহ্লাদী

হাসছি মোরা হাসছি দেখ,
হাসছি মোরা আহ্লাদী,
তিনজনেতে জট্‌লা করে
ফোক্‌লা হাসির পাল্লা দি।
হাসতে হাসতে আসছে দাদা
আসছি আমি আসছে ভাই,
হাসছি কেন কেউ জানে না,
পাচ্ছে হাসি হাসছি তাই।
ভাবছি মনে, হাসছি কেন?
থাকব হাসি ত্যাগ ক'রে,
ভাবতে গিয়ে ফিকফিকিয়ে
ফেলছি হেসে ফ্যাক ক'রে।

The Delighted*

Laughing we are, look at us laugh,
laughing away so delightedly,
Three together, as one gather;
vie each other at toothless glee.
Comes laughing my older brother,
the younger too, and, of course, me,
No one's sure why we laugh,
the urge to laugh find enough to be.
Think to myself, why laugh at all?
Will eschew laughter for a while,
Even thinking that, on impulse giggle;
crack an irrepressible smile.

পাচ্ছে হাসি চাইতে গিয়ে,
পাচ্ছে হাসি চোখ বুজে,
পাচ্ছে হাসি চিম্‌টি কেটে
নাকের ভিতর নোখ গুঁজে।
হাসছি দেখে চাঁদের কলা
জোলার মাকু জেলের দাঁড়,
নৌকা ফানুস পিঁপড়ে মানুষ
রেলের গাড়ী তেলের ভাঁড়।
পড়তে গিয়ে ফেলছি হেসে
'ক খ গ' আর শ্লেট দেখে—
উঠছে হাসি ভসভসিয়ে
সোডার মতন পেট থেকে।

With eyes open, feel the urge to laugh,
feel it even if eyes I close,
Feel the urge within a pinch
or a finger stuck up my nose.
Laugh at the moon, weavers' shuttles,
even boatmen's oars in toil,
Boats, lanterns, ants and people,
railway-trains and pots of oil.
Dissolve in laughter trying to read
the alphabet written on a slate –
Like soda-water, bubbles laughter
from my tummy onto my plate.

রাম গরুড়ের ছানা

রামগরুড়ের ছানা   হাসতে তাদের মানা,
হাসির কথা শুনলে বলে,
"হাসব না–না, না–না!"
সদাই মরে ত্রাসে–   ঐ বুঝি কেউ হাসে!
এক চোখে তাই মিটমিটিয়ে
তাকায় আশেপাশে ।
ঘুম নেই তার চোখে   আপনি ব'কে ব'কে
আপনারে কয়, "হাসিস যদি
মারব কিন্তু তোকে!"
যায় না বনের কাছে,   কিম্বা গাছে গাছে,
দখিন হাওয়ার সুড়সুড়িতে
হাসিয়ে ফেলে পাছে!

The *Ramgorur* Kid

The *Ramgorur* Kid   From laughing is forbid,
Crack a joke, and he shakes his head,
"Nope, of laughter I am rid!"
Always lives in fear–   Should someone laugh near
Peers, one eye open, in cautious lookout;
Glances here and there.
Doesn't sleep all night   With himself picks a fight
Says, "Dare you laugh the slightest bit
I'll wallop you tight!"
Is in a fair pickle,   The wind being so fickle
Won't venture out into the woods, lest
A breeze should laughter tickle!

সোয়াস্তি নেই মনে–   মেঘের কোণে কোণে
হাসির বাষ্প উঠছে ফেঁপে
কান পেতে তাই শোনে ।
ঝোপের ধারে ধারে   রাতের অন্ধকারে
জোনাক জ্বলে আলোর তালে
হাসির ঠারে ঠারে ।
হাসতে হাসতে যারা   হচ্ছে কেবল সারা,
রামগরুড়ের লাগছে ব্যাথা
বুঝছে না কি তারা?
রামগরুড়ের বাসা   ধমক দিয়ে ঠাসা,
হাসির হাওয়া বন্ধ সেথায়,
নিষেধ সেথায় হাসা ।

His mind is discontent–   As clouds moisture vent
He's sure rumbles laughter within;
Listens for it, intent.
Hedgerows alight   In darkness of night
From myriad little fireflies; scared
He is of laughter-fright.
Those who in laughter   Shake beam and rafter,
Don't they get that it pains *Ramgorur*
From here to hereafter?
Ramgorur's nest hidden   Where humor is bedridden
A place bereft of fun it is:
There laughter is forbidden.

ভূতুড়ে খেলা

পরশু রাতে পষ্ট চোখে দেখনু বিনা চশমাতে,
পান্তভূতের জ্যান্ত ছানা করছে খেলা জোছনাতে।
কচ্ছে খেলা মায়ের কোলে হাত পা নেড়ে উল্লাসে,
আহলাদেতে ধুপধুপিয়ে কচ্ছে কেমন হল্লা সে।
শুনতে পেলাম ভূতের মায়ের মুচকি হাসি কট্‌কটে—
দেখছে নেড়ে ঝুন্‌টি ধ'রে বাচ্চা কেমন চট্‌পটে।
উঠছে তাদের হাসির হানা কাষ্ঠ সুরে ডাক ছেড়ে,
খ্যাঁশ্‌ খ্যাঁশানি শব্দে যেন করাত দিয়ে কাঠ চেরে!
যেমন খুশি মারছে ঘুঁষি, দিচ্ছে কষে কানমলা,
আদর করে আছাড় মেরে শূন্যে ঝোলে চ্যাং দোলা।

Ghostly Play

Night ’fore last, without glasses, saw clear in plain sight,
Poltergeist’s live ghostling – at play by moonlight.
Wriggling on his ghost-mum’s lap, frolicking, exultant,
Hopping playful, thrilled and gleeful, noisy, discordant.
Heard I mum’s ghostly chuckle, chortling and cackly—
Tugging his locks, checking out, her ghost-kid how lively.
Together raised giggles ghoulish of a dry ethereal mood,
Long-drawn-out rasping sighs, like saw-blade on wood.
Pummeled him and boxed his ears in mock-serious frown,
Flung him about in delighted coddle, hung upside down.

বলছে আবার, “আয়রে আমার নোংরামুখো সুঁটকো রে,
দেখনা ফিরে প্যাখনা ধরে হুতোম–হাসি মুখ করে!
ওরে আমার বাঁদর–নাচন আদর–গেলা কোঁত্‌কা রে!
অন্ধবনের গন্ধ–গোকুল, ওরে আমার হোঁত্‌কা রে!
ওরে আমার বাদলা রোদে জষ্টি মাসের বিষ্টি রে,
ওরে আমার হামান–ছেঁচা যষ্টিমধুর মিষ্টি রে।
ওরে আমার রান্না হাঁড়ির কান্না হাসির ফোড়নদার,
ওরে আমার জোছনা হাওয়ার স্বপ্নঘোড়ার চড়নদার।
ওরে আমার গোবরা গণেশ ময়দাঠাসা নাদুস্‌ রে,
ছিঁচকাঁদুনে ফোক্‌লা মানিক, ফের যদি তুই কাঁদিস রে—”
এই না ব’লে যেই মেরেছে কাদার চাপটি ফট্‌ ক’রে,
কোথায় বা কি, ভূতের ফাঁকি মিলিয়ে গেল চট্‌ ক’রে!

Said, “Come ye here, O my dear, precious little filthy-face,
Spread bat-wings; silent night with your owly smile grace.
O my dear monkey-muddle, gulpy-cuddle slimy-sludge,
Inky-forest’s stinky-poodle,[*] my dearest porky-pudge!
O my dear rainy-summer’s sunlit-hail’s bandicoot,
O my dear pesky-pestle, mortar-mashed liquorice-root.
O my dear spooky kitchen’s teary-titter pot-seasoning,
O my dear night-rider, moonlit gale’s nightmare-ling.
O my dear stuffed-with-flour, Doughboy[†]-happy, wild boar,
Whiney-huddle, toothless treasure, cry you but once more –”
The instant she said that and slapped his face a mud-slice,
All of a sudden, trick spectral, vanished in a trip-trice![††]

হাত গণনা

ও পাড়ার নন্দগোঁসাই, আমাদের নন্দ খুড়ো,
স্বভাবেতে সরল সোজা অমায়িক শান্ত বুড়ো।
ছিল না তাঁর অসুখবিসুখ, ছিল সে যে মনের সুখে,
দেখা যেত সদাই তারে হুঁকো হাতে হাস্যমুখে।
হঠাৎ কি তার খেয়াল হল, চল্‌ল সে তার হাত দেখাতে
ফিরে এল শুকনো সরু, ঠকাঠক্ কাঁপছে দাঁতে!
শুধালে সে কয় না কথা, আকাশেতে রয় সে চেয়ে,
মাঝে মাঝে শিউরে ওঠে, পড়ে জল চক্ষু বেয়ে।
শুনে লোকে দৌড়ে এল, ছুটে এলেন বদ্যিমশাই,
সবাই বলে, "কাঁদছ কেন? কি হয়েছে নন্দগোঁসাই?"

Palm-Mystery

Nanda-Gnosai of next door, our very dear Uncle Nanda,
An affable man, very simple, no excitement on agenda.
Didn't have any ails or troubles; of worry showed no trace,
Forever appeared, hookah in hand, with a smile on his face.
Giving in to an impulse sudden, he went to see a palmist,
Came back as thin as a rake – a chattering-teeth alarmist!
Answers not when spoken to; keeps staring skywards,
Shivers frequent; eyes streaming silent tears downwards.
Came running the medicine man, and all others in wonder,
"Why do you cry? What's wrong, our dear Uncle Nanda?"

খুড়ো বলে, "বলব কি আর, হাতে আমার পষ্ট লেখা
আমার ঘাড়ে আছেন শনি, ফাঁড়ায় ভরা আয়ুর রেখা।
এতদিন যায়নি জানা ফিরছি কত গ্রহের ফেরে—
হঠাৎ আমার প্রাণটা গেলে তখন আমায় রাখবে কে রে?
ষাটটা বছর পার হয়েছি বাপদাদাদের পুণ্যফলে—
ওরা তোদের নন্দ খুড়ো এবার বুঝি পটোল তোলে।
কবে যে কি ঘটবে বিপদ কিছু হায় যায় না বলা—"
এই ব'লে সে উঠল কেঁদে ছেড়ে ভীষণ উচ্চ গলা।
দেখে এলাম আজ সকালে গিয়ে ওদের পাড়ার মুখো,
বুড়ো আছে নেই কো হাসি, হাতে তার নেই কো হুঁকো।

Uncle laments, "What's left to tell? Says clear on my palm,
Planet Saturn's aggravated – and my life-line, full of alarm.
Under astral body combos harmful, lived unaware lifelong,
Who's going to look after me, if I die sudden by evensong?
Survived some sixty years on forefathers' good deeds, past,
I'm afraid, your Uncle now might kick the bucket at last.
Can't predict, alas, when befalls what misfortunes and fears."
And so saying, and very loudly wailing, he burst into tears.
I visited him myself this morning; observed him a while –
He's a shadow of his former self; no hookah and no smile.

গন্ধ বিচার

Sense of Essence

সিংহাসনে বস্‌ল রাজা বাজ্‌ল কাঁসর ঘন্টা,
ছট্‌ফটিয়ে উঠল কেঁপে মন্ত্রীবুড়োর মনটা।
বল্‌লে রাজা, মন্ত্রী তোমার জামায় কেন গন্ধ?
মন্ত্রী বলে, এসেন্স দিছি—গন্ধ তো নয় মন্দ!

Mounted the king his royal throne, chimed bells the ascension
His PM's heart skipped a beat in some strange apprehension.
Demanded King, "Prime Minster, sir, why stinks your tunic?"
PM exclaimed, "Daubed essence, Your Maj;* perfume quite unique!"

রাজা বলেন, মন্দ ভালো দেখুক শুঁকে বদ্যি,
বদ্যি বলে, আমার নাকে বেজায় হল সর্দি।
রাজা হাঁকেন, বোলাও তবে রাম নারায়ণ পাত্র,
পাত্র বলে, নস্যি নিলাম এক্ষুনি এইমাত্র।

King pronounced, "Odor nice or nasty, let royal physician resolve."
Claimed Physician, "I have a cold – can't in sniffing scents involve."
"Call *Ram Narayan Patro*", said King, "let him smell the stuff."
Patro pleaded, "Pardon, Majesty – my nose is full of snuff.

নস্যি দিয়ে বন্ধ যে নাক গন্ধ কোথায় ঢুকবে?
রাজা বলেন, কোটাল তবে এগিয়ে এস, শুঁকবে।
কোটাল বলে, পান খেয়েছি মশলা তাতে কর্পূর,
গন্ধে তারি মুণ্ড আমার এক্কেবারে ভরপুর।

I've stuffed tobacco in both nostrils – can enter there a smell?"
King said, "Sheriff, then you're the one – step forward and tell."
Sheriff said, "I chewed a couple of betel leaves with camphor,
Fragrance so overpowering, my sense of smell is done for!"

রাজা বলেন, আসুক তবে শের পালোয়ান ভীমসিং,
ভীম বলে, আজ কচ্ছে আমার সমস্ত গা ঝিম্‌ ঝিম্‌।
রাত্রে আমার বোখার হল বলছি হুজুর ঠিক বাৎ,
ব'লেই শুল রাজসভাতে চক্ষু বুজে চিৎপাত।

King said, "Then, let us summon *Bhim Singh*, our strongman."
Said *Bhim Singh*, "I feel frightfully ill; weak, off-color and wan.
Last night I had the chills and fever – I tell you all – honest!"
So saying, collapsed on the floor and closed his eyes, soonest.

রাজার শালা চন্দ্রকেতু তারেই ধ'রে শেষটা,
বল্‌ল রাজা, তুমিই না হয় কর না ভাই চেষ্টা।
চন্দ্র বলেন, মারতে চাও তো ডাকাও নাকো জল্লাদ,
গন্ধ শুঁকে মরতে হবে এ আবার কি আহলাদ?

To his brother-in-law, *Chondroketu*, appealed King at last,
Said, "Maybe you could take a try, bro, pass judgement fast."
Chondro said, "If you want me killed, please call the hangman,
Martyrdom from sniffing togas, I refuse; it's more than I can!"

ছিল হাজির বৃদ্ধ নাজির বয়সটি তার নব্বই,
ভাবল মনে, ভয় কেন আর একদিন তো মরবই।
সাহস ক'রে বল্‌লে বুড়ো, মিথ্যে সবাই বক্‌ছিস,
শুঁকতে পারি হুকুম পেলে এবং পেলে বক্‌শিস।

Nearby stood King's old treasurer – aged ninety, if not more
Thought: what harm if I have a go, am almost at death's door.
Mustered up his courage and said: "It's really straightforward,
Volunteer I, to sniff on command, and if there is a reward."

রাজা বলেন, হাজার টাকা ইনাম পাবে সদ্য,
তাই না শুনে উৎসাহেতে উঠল বুড়ো মদ্দ।
জামার পরে নাক ঠেকিয়ে—শুঁকল কত গন্ধ,
রইল অটল দেখল লোকে বিস্ময়ে বাক্‌ বন্ধ।

Announced King: "A thousand *rupees,** reward is yours instant!"
Up scrambled old man excited; at the prospect, exultant.
Put his nose to the PM's tunic, and in abandon, sniffed away,
Yet, stood steadfast; watched all and sundry – disbelief at bay.

রাজ্যে হল জয়–জয়কার বাজল কাঁসর ঢক্কা,
বাপরে কি তেজ বুড়োর হাড়ে পায় না সে যে অক্কা?

Rose all kingdom in felicitation – clanged cymbal, beat drum,
What marvelous old constitution – to stench doesn't succumb!

হুলোর গান

বিদ্‌ঘুটে রাত্তিরে ঘুট্‌ঘুটে ফাঁকা,
গাছপালা মিশ্‌মিশে মখ্‌মলে ঢাকা!
জট্‌বাঁধা ঝুল কালো বটগাছতলে,
ধক্‌ধক্‌ জোনাকির চক্‌মকি জ্বলে ।
চুপচাপ চারিদিকে ঝোপ ঝাড়্‌গুলো,
আয় ভাই গান গাই আয় ভাই হুলো ।
গীত গাই কানে কানে চীৎকার ক'রে,
কোন্‌ গানে মন ভেজে শোন্‌ বলি তোরে ।
পূবদিকে মাঝরাতে ছোপ্‌ দিয়ে রাঙা
রাতকানা চাঁদ ওঠে আধখানা ভাঙা ।
চট্‌ ক'রে মনে পড়ে মট্‌কার কাছে
মালপোয়া আধখানা কাল থেকে আছে ।

The Tomcat's Song

Mystic, bare night, quietness lapped,
Plant and shrub, black velvet wrapped!
Tree-hung cobwebs tangled tight,
Fireflies twinkle a flint-struck light.
Brush, tree, sapling in silence sat,
Come, let's sing, my fellow tomcat.
Belt out fulsome tunes discordant,
Tell you which songs find I poignant.
Rises eastward at midnight's noon,
Night-blind, magenta, pale half-moon.
Reminds instant, the half-ate pancake,
I hid last night, to later a meal make.

দুড়্‌ দুড়্‌ ছুটে যাই, দূর থেকে দেখি
প্রাণপণে ঠোঁট চাটে কানকাটা নেকী!
গালফোলা মুখে তার মালপোয়া ঠাসা,
ধুক ক'রে নিভে গেল বুকভরা আশা ।
মন বলে আর কেন সংসারে থাকি,
বিল্‌কুল্‌ সব দেখি ভেল্‌কির ফাঁকি ।
সব যেন বিচ্ছিরি সব যেন খালি,
গিন্নীর মুখ যেন চিম্‌নির কালি ।
মন–ভাঙা দুখ্‌ মোর কন্ঠেতে পুরে
গান গাই আয় ভাই প্রাণফাটা সুরে ।

To fetch, run pell-mell, only to see,
Licking her lips, Ol' Clip-Ear Missy!
With cheek-full pancake trying to cope;
Pouf – gets snuffed out heartfelt hope.
I question the purpose of this poor life,
Theft, sleight, larceny rampant, rife.
Unpleasant, empty, all things moot,
The missus, thunderous; face black as soot.
Pouring our sorrows into voices soulful
Come let's sing along, cat-song doleful.

কাঁদুনে

ছিচ্‌কাঁদুনে মিচকে যারা সস্তা কেঁদে নাম কেনে,
ঘ্যাঁঙায় শুধু ঘ্যানর ঘ্যানর ঘ্যান্‌ঘ্যানে আর প্যানপ্যানে—
কুঁকিয়ে কাঁদে খিদের সময়, ফুঁপিয়ে কাঁদে ধম্‌কালে,
কিম্বা হঠাৎ লাগলে ব্যাথা, কিম্বা ভয়ে চম্‌কালে;
অল্পে হাসে অল্পে কাঁদে, কান্না থামায় অল্পেতেই;
মায়ের আদর দুধের বোতল কিম্বা দিদির গল্পেতেই—
তারেই বলি মিথ্যে কাঁদন, আসল কান্না শুনবে কে?
অবাক্ হবে থম্‌কে রবে সেই কাঁদনের গুণ দেখে!

নন্দঘোষের পাশের বাড়ী বুথ্ সাহেবের বাচ্চাটার
কান্নাখানা শুনলে বলি কান্না বটে সাচ্চা তার ।
কাঁদবে না সে যখন তখন, রাখবে কেবল রাগ পুষে,
কাঁদবে যখন খেয়াল হবে খুন–কাদুনে রাক্ষুসে!

Cry-Kid

Pseudo-criers cry a tawdry tune, their impact but tiny,
Nuisance wails, boo-hoo-hoo, sniveling and whiney –
Squall pitiful when hungry; sob from a good scolding,
Or if hurt all of a sudden; or of fears imagined, startling.
Smile at little, cry at little; takes but little to stop their cry:
Mothers' coddle, feeding bottle or big sisters' lullaby –
That's what I call pseudo-crying; want to hear a cry real?
Stop in your tracks, you will, awestruck; it's such a big deal.

Nondo Ghosh's next-door neighbors, Mr. & Mrs. Booth*
Now, *their* kid is a real crier, I tell you in honest truth.
Doesn't cry every now and then; keeps bottled up his ire,
At own fancy, bawls death-inducing, to his heart's desire.

নাইকো কারণ নাইকো বিচার মাঝরাতে কি ভোরবেলা,
হঠাৎ শুনি অর্থবিহীন আকাশ–ফাটান জোর গলা ।
হাঁকড়ে ছোটে কান্না যেমন জোয়ার বেগে নদীর বান,
বাপ মা বসেন হতাশ হয়ে শব্দ শুনে বধির কান ।
বাসরে সে কি লোহার গলা? এক মিনিটও শান্তি নেই?
কাঁদন ঝরে শ্রাবণ ধারে, ক্ষান্ত দেবার নামটি নেই!
ঝুমঝুমি দাও পুতুল নাচাও, মিষ্টি খাওয়াও একশোবার
বাতাস কর, চাপড়ে ধর, ফুটবে নাকো হাস্য তার ।
কান্নাভরে উল্‌টে পড়ে কান্না ঝরে নাক দিয়ে,
গিলতে চাহে দালানবাড়ী হাঁ'খানি তার হাঁক্ দিয়ে,
ভূত–ভাগানো শব্দে লোকে ত্রাহি ত্রাহি ডাক ছাড়ে—
কান্না শুনে ধন্যি বলি বুথ্ সাহেবের বাচ্চারে ।

No rhyme or reason, nor whether midnight or early dawn,
Sky-shattering meaningless cry hear full of baby-brawn.
Rises cry in swelling waves, like a roaring river riptide,
Parents sit in despair, deafened; know not where to hide.
Wow! What a voice iron-clad; not a minute's recession?
Tears fall like the monsoon rain, no sign of cessation.
With rattles, dancing dolls, or a hundred sweets beguile,
Fan him or pat him down; won't get him to crack a smile.
Turns tantrum upside down, stream tears down his nose,
Bawls with mouth wide open, in 'eating-a-building' pose.
Fearsome noise, that haunted places of ghosts can rid,
Impressed to the core I am; what a phenomenal cry-kid!

ভয় পেয়োনা

ভয় পেয়ো না, ভয় পেয়ো না, তোমায় আমি মারব না—
সত্যি বলছি কুস্তি ক'রে তোমার সঙ্গে পারব না ।
মনটা আমার বড্ড নরম, হাড়ে আমার রাগটি নেই,
তোমায় আমি চিবিয়ে খাব এমন আমার সাধ্যি নেই!
মাথায় আমার শিং দেখে ভাই ভয় পেয়েছ কতই না—
জানো না মোর মাথার ব্যারাম, কাউকে আমি গুঁতোই না?
এস এস গর্তে এস, বাস ক'রে যাও চারটি দিন,
আদর ক'রে শিকেয় তুলে রাখব তোমায় রাত্রিদিন ।
হাতে আমার মুগুর আছে তাই কি হেথায় থাকবে না?
মুগুর আমার হাল্‌কা এমন মারলে তোমায় লাগবে না ।
অভয় দিচ্ছি, শুনছ না যে? ধরব নাকি ঠ্যাং দুটা?
বসলে তোমার মুণ্ডু চেপে বুঝবে তখন কাণ্ডটা!
আমি আছি, গিন্নী আছেন, আছেন আমার নয় ছেলে—
সবাই মিলে কামড়ে দেব মিথ্যে অমন ভয় পেলে ।

Fear Not

Fear not, fear not; I'm not going to hurt you,
Truth be told, at wrestling, I couldn't beat you.
My heart is too tender; my bones – ire-less,
To chew you up alive, I'm entirely powerless.
Fear you these horns that out of my head jut?
I suffer from brain ailment, I don't head-butt.
Come into my burrow; a few days here stay,
Wait on you hand and foot, will I, night and day.
My cudgel scares you; are you sure that's it?
This club is so light; it doesn't hurt one bit.
Not assured? Want me to grab you by the leg?
If I sit on your head, to be let go you'll beg!
There's me, the missus and my brood of nine sons,
Together we'll bite you. Be unafraid – at once!

ট্যাঁশ গরু

ট্যাঁশ গরু গরু নয়, আসলেতে পাখি সে;
যার খুশি দেখে এস হারুদের আফিসে ।
চোখ দুটি ঢুলু ঢুলু, মুখখানা মস্ত,
ফিটফাট্ কালোচুলে টেরিকাটা চোস্ত ।
তিন–বাঁকা শিং তার, ল্যাজখানি প্যাঁচান—
একটুকু ছোঁও যদি, বাপরে কি চ্যাঁচান!
লট্খটে হাড়গোড় খট্খট্ ন'ড়ে যায়,
ধমকালে ল্যাগ্ব্যাগ্ চমকিয়ে প'ড়ে যায় ।
বর্ণিতে রূপ গুন সাধ্য কি কবিতার,
চেহারার কি বাহার–ঐ দেখ ছবি তার ।
ট্যাঁশ গরু খাবি খায় ঠ্যাস দিয়ে দেয়ালে,
মাঝে মাঝে কেঁদে ফেলে না জানি কি খেয়ালে;

Crass-Cow

Not quite bovine, she's rather, a bird, really;
Crass-cow, in *Haru's* office, anyone can see.
Heavy-lidded eyes grace an enormous profile,
Black hair well-groomed, combed in style.
Horns shaped like 'threes';* tail, a spiral thread –
Touch her, and she moos out loud in shocked dread!
Rickety her boney frame shakes in rat-a-tat rattle,
Scold her; she falls down in a heap, all a-startle.
Struggles poetry in vain, her beauty to capture,
A presence so gorgeous – just look at her picture.
Gasps and hiccups, propped up against the wall,
Of whimsies unknown, oft breaks into a squall.

মাঝে মাঝে তেড়ে ওঠে, মাঝে মাঝে রেগে যায়,
মাঝে মাঝে কুপোকাৎ দাঁতে দাঁত লেগে যায় ।
খায় না সে দানাপানি–ঘাস পাতা বিচালি,
খায় না সে ছোলা ছাতু ময়দা কি পিঠালি;
রুচি নাই আমিষেতে, রুচি নাই পায়সে,
সাবানের সূপ আর মোমবাতি খায় সে ।
আর কিছু খেলে তার কাশি ওঠে খক্ খক্
সারা গায়ে ঘিন্ঘিন্ ঠ্যাং কাঁপে ঠক্ ঠক্ ।
একদিন খেয়ে ছিল ন্যাক্ড়ার ফালি সে—
তিন মাস আধমরা শুয়েছিল বালিশে ।
কারো যদি শখ থাকে ট্যাঁশ গরু কিন্তে,
সস্তায় দিতে পারি, দেখ ভেবে চিন্তে ।

Charges up at times; at others, is vexed raw,
Knocked-out on occasion, suffers from lock-jaw.
Eats not grass, straw, leaves or cow-fodder,
Won't mashed-gram, flour or rice-cake consider.
Likes not any meat, nor puddings vegetarian,
Only candles and soap-soup eats the contrarian.
From food all other sort, suffers a coughing fit,
Feels nauseated and her legs shake tick-tick.
One day, a rag-strip she did, unawares, swallow,
Spent three months half-dead, head on a pillow.
If interested to buy her, any Crass-cow lover,
Will make you a good price – you think it over.

নোটবই

এই দেখ পেনসিল্, নোটবুক এ–হাতে,
এই দেখ ভরা সব কিল্‌বিল্ লেখাতে ।
ভালো কথা শুনি যেই চট্‌পট্ লিখি তায়—
ফড়িঙের ক'টা ঠ্যাং, আরশুলা কি কি খায়;
আঙুলেতে আঠা দিলে কেন লাগে চট্‌চট্,
কাতুকুতু দিলে গরু কেন করে ছট্‌ফট্ ।
দেখে শিখে প'ড়ে শুনে ব'সে মাথা ঘামিয়ে
নিজে নিজে আগাগোড়া লিখে গেছি আমি এ ।
কান করে কট্ কট্ ফোড়া করে টন্‌টন্—
ওরে রামা ছুটে আয়, নিয়ে আয় লন্ঠন ।

Notebook

Look, here's my pencil and here my notebook,
With writing squiggly, filled the pages look.
I write down instant as I hear new facts broach:
Leg-count of dragon fly; diets of cockroach.
Why hands that touch glue have sticky digits.
Why, when you tickle it, the barn-cow fidgets.
Observed, studied and listened to comprehend.
Wrote it all down from beginning to the end.
Why do ears ache; why a boil hurts, in turn,
Why, when it gets dark, lights one a lantern.

কাল থেকে মনে মোর লেগে আছে খট্‌কা,
ঝোলাগুড় কিসে দেয়? সাবান না পট্‌কা?
এই বেলা প্রশ্নটা লিখে রাখি গুছিয়ে,
জবাবটা জেনে নেব মেজদাকে খুঁচিয়ে ।
পেট কেন কাম্‌ড়ায় বল দেখি পার কে?
বল দেখি ঝাঁজ কেন জোয়ানের আরকে?
তেজপাতে তেজ কেন? ঝাল কেন লঙ্কায়?
নাক কেন ডাকে আর পিলে কেন চমকায়?
কার নাম দুন্দুভি? কার নাম অরণি?
বল্‌বে কি, তোমরা তো নোটবই পড়নি ।

Ever since last night a doubt niggling I mope –
Where put molasses – in firecrackers or soap?
The question, prompt, must I write down neatly,
For answer, I'll ask my older brother, sweetly.
Can you tell why, you get cramps with colitis?
From where comes the bite in Aqua Ptychotis?*
Why bays the bay-leaf? Chills not chili?
Can a snore be sonorous and why livers are lily?
Whose name's Gibberish; who's Gobbledygook?
You have no answer – haven't read my notebook.

Rhymes *of* Whimsy – The Complete Abol Tabol. Dual-Language Edition.

ঠিকানা

আরে আরে জগমোহন–এস, এস, এস—
বল্‌তে পার কোথায় থাকে আদ্যানাথের মেশো?
আদ্যানাথের নাম শোননি? খগেনকে তো চেনো?
শ্যাম বাগ্‌চি খগেনেরই মামাশ্বশুর জেনো ।
শ্যামের জামাই কেষ্টমোহন, তার যে বাড়ীওলা—
(কি যেন নাম ভুলে গেছি), তারই মামার শালা;
তারই পিশের খুড়তুতো ভাই আদ্যানাথের মেশো,
লক্ষ্মী দাদা ঠিকানা তার একটু জেনে এসো ।

ঠিকানা চাও? বল্‌ছি শোন; আমড়াতলার মোড়ে
তিন–মুখো তিন রাস্তা গেছে, তারি একটা ধ'রে
চল্‌বে সিধে নাকবরাবর, ডানদিকে চোখ রেখে,
চল্‌তে চল্‌তে দেখবে শেষে রাস্তা গেছে বেঁকে;
দেখবে সেথায় ডাইনে বাঁয়ে পথ গিয়েছে কত,
তারি ভিতর ঘুরবে খানিক গোলোকধাঁধার মতো ।
তার পরেতে হঠাৎ বেঁকে ডাইনে মোচড় মেরে,
ফিরবে আবার বাঁয়ের দিকে তিনটে গলি ছেড়ে ।
তবেই আবার পড়বে এসে আমড়াতলার মোড়ে,
তার পর যাও যেথায় খুশি, জ্বালিয়ো নাকো মোরে!

(M)address

Come, *Jagmohon!* Come, come, help me out this pickle,
Do you know where resides our *Adyanath's* uncle?
Haven't heard of *Adyanath? Khagen* you surely ken?
Shyam Bagchi is the same *Khagen's* uncle-in-law, again.
Shyam's son-in-law, *Kestomohon* – now, *his* landlord
(Whose name I've forgotten) is his uncle's brother-in-law.
His uncle's first cousin is our *Adyanath's* uncle.
Please, brother, can you get me his address in a twinkle?

Want his address? Listen up: at *Amratolla* crossing,
Three roads go three ways. Pick any, start walking.
Follow your nose straight ahead, eyes to the right,
Finally, you'll find the road curving somewhat tight.
At that point, left and right, crossroads are many,
Run circles couple, in that maze, without taking any.
Then, suddenly turn; twist out and hang a sharp right,
Left again, after three cross-streets, err not the slight.
Then, back you'll be at *Amratolla* crossing, once more,
Go thence wherever you will; don't bother me anymore!

পালোয়ান

খেলার ছলে ষষ্ঠীচরণ হাতি লোফেন যখন তখন,
দেহের ওজন উনিশটি মণ, শক্ত যেন লোহার গঠন ।
একদিন এক গুণ্ডা তাকে বাঁশ বাগিয়ে মার্ল বেগে—
ভাঙল সে–বাঁশ শোলার মতো মট্ ক'রে তার কনুই লেগে
এই তো সেদিন রাস্তা দিয়ে চল্তে গিয়ে দৈব বশে,
উপর থেকে প্রকাণ্ড ইঁট পড়ল তাহার মাথায় খ'সে ।
মুণ্ডুতে তার যেম্নি ঠেকা অম্নি সে ইঁট এক নিমেষে,
গুঁড়িয়ে হ'ল ধুলোর মতো, ষষ্ঠী চলেন মুচ্কি হেসে ।
ষষ্ঠী যখন ধমক হাঁকে কাঁপতে থাকে দালান বাড়ী,
ফুঁয়ের জোরে পথের মোড়ে উল্টে পড়ে গরুর গাড়ী!

Strongman

In child's-play, *Shastthicharan*, juggles elephants at random,
Weighs in at nineteen *maunds** – constitution hard as iron.
An assailant, one fine day with a bamboo staff, *Shastthi* waylaid,
Split as if were a toothpick but, as contact with his elbow it made.
The other day, walking on the street, in act of god sudden sent,
Fell from above an enormous brick, on his head by accident.
The instant it touched his head, as if were brittle sun-dried clay,
Crumbled into a pile of dust; *Shastthi*, smiling, went his way.
When *Shastthi* loudly barks, shake buildings in violent starts.
Blows if his breath too hard, in streets overturn bullock-carts.

ধুম্‌সো কাঠের তক্তা ছেঁড়ে মোচড় মেরে মুহূর্তেকে,
একশো জালা জল ঢালে রোজ স্নানের সময় পুকুর থেকে ।
সকাল বেলার জলপানি তার তিনটি ধামা পেস্তা মেওয়া,
সঙ্গেতে তার চৌদ্দ হাঁড়ি দৈ কি মালাই মুড়্‌কি দেওয়া ।
দুপুর হলে খাবার আসে কাতার দিয়ে ডেক্‌চি ভ'রে,
বরফ দেওয়া উনিশ কুঁজো সরবতে তার তৃষ্ণা হরে ।
বিকাল বেলা খায় না কিছু গণ্ডা দশেক মণ্ডা ছাড়া,
সন্ধ্যা হ'লে লাগায় তেড়ে দিস্তা দিস্তা লুচির তাড়া ।
রাতে সে তার হাত পা টেপায় দশটি চেলা মজুত থাকে,
দুম্‌দুমাদুম্‌ সবাই মিলে মুগুর দিয়ে পেটায় তাকে ।
বল্‌লে বেশি ভাববে শেষে এসব কথা ফেনিয়ে বলা—
দেখবে যদি আপন চোখে যাওনা কেন বেনিয়াটোলা ।

He tears up thick wood-planks, in an instant, with a twist of arm,
Bathes in hundred barrels pond-water, sent up daily from the farm.
Mornings, his breakfast is three huge bushels pistachio nuts,
Alongside, takes fourteen pots frozen yogurt to cool his guts.
Midday, his lunch arrives in a procession of crockpots first,
Then follow nineteen jugs of iced sherbet to quench his thirst.
Afternoons, he eats nothing but four dozen sweetmeat balls,
Every evening, without fail, for stacks of fried flatbread calls.
Nightly, he gets a massage; his dozen acolytes in attendance,
With a dozen clubs they wallop loose his muscles in abundance.
If I say more, you'll think that I embellish and overstate,
Visit *Beniatola;* check it out yourself – see if I exaggerate!

বিজ্ঞান শিক্ষা

আয় তোর মুণ্ডুটা দেখি, আয় দেখি 'ফুটোস্কোপ' দিয়ে,
দেখি কত ভেজালের মেকি আছে তোর মগজের ঘিয়ে ।
কোন দিকে বুদ্ধিটা খোলে, কোন দিকে থেকে যায় চাপা,
কতখানি ভস্ ভস্ ঘিলু, কতখানি ঠক্‌ঠকে ফাঁপা ।
মন তোর কোন দেশে থাকে, কেন তুই ভুলে যাস্ কথা—
আয় দেখি কোন ফাঁক দিয়ে, মগজেতে ফুটো তোর কোথা ।
টোল–খাওয়া ছাতাপড়া মাথা, ফাটা–মতো মনে হয় যেন,
আয় দেখি বিশ্লেষ ক'রে–চোপ্‌রাও ভয় পাস্ কেন?
কাৎ হয়ে কান ধ'রে দাঁড়া, জিভখানা উল্‌টিয়ে দেখা,
ভালো ক'রে বুঝে শুনে দেখি–বিজ্ঞানে যে–রকম লেখা ।
মুণ্ডুতে 'ম্যাগনেট' ফেলে, বাঁশ দিয়ে 'রিফ্লেক্‌ট' ক'রে,
ইঁট দিয়ে 'ভেলসিটি' ক'ষে দেখি মাথা ঘোরে কি না ঘোরে

Learning Science

Come, let me your head examine with my 'hole-o-scope',*
See how much is adulterated and fake in your brain, dope!
Which track your brain works in, and in which is suppressed,
How much is mushy grey matter and where hollow your head.
Where goes roaming that mind of yours; why forgets things,
Which holes, so much vacuous air, into your noggin brings.
Dented head – moldy too; perhaps even cracked and nicked,
Let me analyze – sit quiet now! Why are you panicked?
Lean to a side, hold your ears, stick tongue out upside down,
I'll check you thorough, as prescribe science-books of renown.
Drop magnets into your skull, shine bamboo reflections in,
Calculate velocity using a brick, ensure your head will spin.

ফস্‌কে গেল!

দেখ্ বাবাজি দেখ্‌বি নাকি দেখ্‌রে খেলা দেখ্ চালাকি,
ভোজর বাজি ভেল্কি ফাঁকি পড়্ পড়্ পড়্‌বি পাখি–ধপ্!

লাফ দি'রে তাই তালটি ঠুকে তাক ক'রে যাই তীর ধনুকে,
ছাড়্‌ব সটান ঊর্ধ্বমুখে হুশ্ ক'রে তোর লাগবে বুকে–খপ্!

গুড়্ গুড়্ গুড়্ গুড়িয়ে হামা খাপ পেতেছেন গোষ্ঠ মামা,
এগিয়ে আছেন বাগিয়ে ধামা, এইবারে বাণ চিড়িয়া নামা–চট্!

ঐ যা! গেল ফস্কে যে সে–হেঁই মামা তুই ক্ষেপ্‌লি শেষে?
ঘ্যাঁচ ক'রে তোর পাঁজর ঘেঁষে লাগ্‌ল কি বাণ ছট্‌কে এসে–ফট্?

Missed!

Oh, come see what's about to be; watch this show, magical spree
Some trickery; deceit wee; watch the birdie fall from that tree – Thwack!

Taking up my position so, set carefully my arrow and bow
Aim upwards, shaft let go; hit your chest a mighty blow – Whack!

On hands and knees posed absurd, *Gosttho Mama* poised on guard
To pounce on, as it falls downward; Arrow, go, fetch that bird – Quick!

Oops! That missed by a mile; *Gosttho Mama* – you do not smile
Grazing your ribs too close, hostile; sliced arrow cut rather vile – Nick?

ছিঁটেফোঁটা

(১)
কহ ভাই কহ রে, অ্যাঁকা চোরা শহরে,
বদ্যিরা কেন কেউ আলুভাতে খায় না?
লেখা আছে কাগজে আলু খেলে মগজে,
ঘিলু যায় ভেস্তিয়ে বুদ্ধি গজায় না!

(২)
শুনেছ কি ব'লে গেল সীতানাথ বন্দ্যো?
আকাশের গায়ে নাকি টক্‌টক্‌ গন্ধ?
টক্‌টক্‌ থাকে নাকো হ'লে পরে বৃষ্টি—
তখন দেখেছি চেটে একেবারে মিষ্টি ।

(৩)
আকাশের গায়ে কি বা রামধনু খেলে,
দেখে চেয়ে কত লোকে সব কাজ ফেলে,
তাই দেখে খুঁতধরা বুড়ো কয় চটে,
দেখছ কি, এই রঙ পাকা নয় মোটে ॥

(৪)
ঢপ্‌ ঢপ্‌ ঢাক ঢোল ভপ্‌ ভপ্‌ বাঁশি,
ঝন্‌ ঝন্‌ করতাল্‌ ঠন্‌ ঠন্‌ কাঁসি ।
ধূমধাম বাপ্‌ বাপ্‌ ভয়ে ভ্যাবা চ্যাকা,
বাবুদের ছেলেটার দাঁত গেছে দেখা ॥

(৫)
শোন শোন গল্প শোন, এক যে ছিল গরু,
এই আমার গল্প হল শুরু ।
যদু আর বংশীধর যমজ ভাই তারা,
এই আমার গল্প হল সারা ।

(৬)
মাসি গো মাসি, পাচ্ছে হাসি
নিম গাছে তে হচ্ছে শিম্‌—
হাতির মাথায় ব্যাঙের ছাতা
কাগের বাসায় বগের ডিম ॥

(৭)
বল্‌ব কি ভাই হুগ্‌লি গেলুম,
বল্‌ছি তোমায় চুপি-চুপি—
দেখতে পেলাম তিনটে শুয়োর
মাথায় তাদের নেইকো টুপি ॥

Droplets

(1)
Say, man, say now, in city of Bent Bough,
Why doctors won't mashed-potatoes eat?
Books demystify it, that 'tater-rice diets
Cause brain riots; growth of intellect defeat.

(2)
Heard *Sitanath Bondyo* said quite dour?
The sky, it seems, smells somewhat sour?
Stays not sour, though, when rain-slick –
It's quite sweet then; taken pains to lick.

(3)
Rises rainbow in a cloud-decked sky,
People stop to watch; let work lie.
Old man, the nit-pick, exclaims aghast:
Gawking at that? Those colors aren't fast!

(4)
Drums roll boom-boom, trumpets prap-prap,
Ding-dong chimes gong, cymbals clang clap.
Fearful whoop-thud-bop sounds uncouth,
The neighbor's kid has cut his first tooth!

(5)
Listen to my story – once there was a cow,
That's where my story starts – listen up now.
Twins *Jodu* and *Bangshidhar*, best of friends,*
And that's where, sadly, my story ends.

(6)
Aunt O Aunt, to laugh I want
Sprouts beans on trees of *Neem* –
Elephant jolly, in mushroom brolly;
Crows' nests with stork-eggs teem.

(7)
It's a secret – to Hooghly I went
Am telling you in confidence:
There I saw three little pigs
Run hatless in exuberance.*

আবোল তাবোল

মেঘ মুলুকে ঝাপসা রাতে,
রামধনুকের আব্ছায়াতে,
তাল বেতালে খেয়াল সুরে,
তান ধরেছি কণ্ঠ পুরে ।
হেথায় নিষেধ নাইরে দাদা,
নাইরে বাঁধন নাইরে বাধা ।
হেথায় রঙিন আকাশতলে
স্বপ্ন দোলা হাওয়ায় দোলে
সুরের নেশার ঝরনা ছোটে,
আকাশ কুসুম আপনি ফোটে
রঙিয়ে আকাশ, রঙিয়ে মন
চমক জাগে ক্ষণে ক্ষণ ।
আজকে দাদা যাবার আগে
বল্‌ব যা মোর চিত্তে লাগে
নাই বা তাহার অর্থ হোক্‌
নাই বা বুঝুক বেবাক্‌ লোক
আপনাকে আজ আপন হাতে
ভাসিয়ে দিলাম খেয়াল স্রোতে ।

ছুট্‌লে কথা থামায় কে?
আজকে ঠেকায় আমায় কে?
আজকে আমার মনের মাঝে
ধাঁই ধপাধপ্‌ তবলা বাজে—
রাম–খটাখট্‌ ঘ্যাঁচাং ঘ্যাঁচ্‌
কথায় কাটে কথার প্যাঁচ্‌ ।
আলোয় ঢাকা অন্ধকার,
ঘন্টা বাজে গন্ধে তার ।
গোপন প্রাণে স্বপন দূত,
মঞ্চে নাচেন পঞ্চ ভূত!
হ্যাংলা হাতী চ্যাং–দোলা,
শূন্যে তাদের ঠ্যাং তোলা ।
মক্ষিরানী পক্ষিরাজ—
দস্যি ছেলে লক্ষ্মী আজ ।
আদিম কালের চাঁদিম হিম,
তোড়ায় বাঁধা ঘোড়ার ডিম ।
ঘনিয়ে এল ঘুমের ঘোর,
গানের পালা সাঙ্গ মোর ।

Muse of Whimsy

In cloud-land's twilight glow,
In the half-light of a rainbow
In playful-tuned whimsies,
I trill joyful fancies.
Here forbids no constraint,
No barrier, no restraint.
Here, under skies painted,
Bob dreamboats, enchanted.
Here wells up heady music,
Bloom free blossoms cosmic,
Sense and sky tinted –
Reveal wonders unstinted.
Today, before I must go –
Say what's on my mind so;
Despite might nothing mean –
Regardless all may not glean.
I cast off, and my boat row –
Where whimsies ebb and flow.

The sprinting word who can rein?
Who today would me restrain?
In the midst today of my mind,
Beats a drum of a lively kind.
Clamors mighty issue and spew,
Words clash with words anew.
Darkness covered by the light,
So fragrant, bells peal delight.
Fancy's envoys secrets presage,
Dance the five elements on stage.
Greedy elephants hang suspended,
Their four legs in the air upended.
Rides Pegasus Grand Queen Bee,
The naughty kid; today, quiet is he.
Timeless, chill, lunar dew,
Horse-eggs bunched in bouquet new.
A drowsiness doth sleep impend –
My melodious muse is at an end.

Rhymes *of* Whimsy – The Complete Abol Tabol. Dual-Language Edition.

56

The End.

Translator's notes relating to parts marked with asterisks (*).

Prize Groom: "Infamous *Shyam*" is '*Shyam Lahiri*' in the original. This translator has been unable to unearth contemporaneous references to this particular gentleman. It is an educated guess that he may have been infamous.

The Contraption: Admittedly, the reference to "Mariner's Albatross" (from *The Rime of the Ancient Mariner* by Samuel Coleridge) could have been avoided, and a simpler description substituted. However, the opportunity for dark humor that it provided was too appropriate to pass up.

Battle Crazed: The word "Hun" has been used instead of the actual word in the original work in order to maintain political correctness, and refers only to its idiomatic meaning of 'enemy' rather than any particular set of people or nation.

Caution: Bengali names of people and of a place have been replaced with Latin American or Spanish names. In the original Bengali poem, Ray had relied, several times, on the use of actual names of people, for the sake of rhyme. In other words, he exercised certain liberties by inserting people-names that would rhyme with the rest of his verse. This translator found it expedient to assume the same liberty, and used Latin American names to resolve the same issues in the translation.

Shadow Play: *Anna:* Denomination of coin in British India.

Pumpkin Pudge: *Bihag* is the name of a *raga* or melodic mode in Indian classical music. †A religious chant invoking the name of the Hindu god *Krishna* and his consort *Radha*.

Derelict Shack: This translator initially meant to simply use 'lean-to', in the normal dictionary definition of such a structure, but found the opportunity of a simultaneous allusion to 'too precarious' too tempting to pass up; hence, "lean-to(o)."

To Catch a Thief: "Tom, Dick or Harry" has been used in place of Bengali names to keep the translation idiomatically accurate, and so preserve the intended meaning of the original. †"Baseball bat" is an obvious western reference, which seemed an appropriate mechanism to avoid potential references of violence involving bloodshed. Several food names, too, have been westernized, to aid in rhyming.

It's All Good: Those able to read the original Bengali work may appreciate that the names of foods '*pauruti* and *jholagur*' in the original can present a translation challenge. 'Bread and molasses' or 'bread and jaggery' did not appear to fit too well; hence, the decidedly western "pancake and maple syrup." Several other food names have been westernized to aid in rhyming.

Babu – The Snake Charmer: Two-shakes: a short while. As "In two-shakes of a lamb's tail". †The ending has been changed in order to reduce reference to cruelty to animals. Today, a larger portion of the populace appreciates that not all snakes are dangerous, and need not be exterminated as a rule.

Word-fancy-*boughoom!*: Literal meanings have been changed from the original in most cases in order to preserve the intent of the original work, which was to humorously relate words for everyday sounds (onomatopoeia) to the *literal* meanings of (often unrelated) idiomatic expressions. For instance, in Bengali, the word for 'drown' or 'submerge' is idiomatically used in the context of the sun and moon to indicate the setting of these astral bodies. Ray skillfully evokes onomatopoeic words for drowning such a "glub, glub, gloop" to describe a setting moon. Numerous creative liberties have been taken with this translation, the reason being that when translating from one language to another, it is extremely improbable that the same onomatopoeic words would relate to the same idioms in both languages. For example, in Bengali, *raat kaate* idiomatically means "the night is spent", but the literal meanings of *raat* and *kaate* are 'night' and 'cuts' (verb), respectively. Ray was able to use onomatopoeic words that describe the sounds of cutting or sawing and relate them to *raat kaate*. This translator did not have the same luxury, since the 'night' does not 'cut' in English, but, rather, is 'spent'. This translator has, therefore, resorted to the universally recognized sound of a cash-register – "*ka-ching*" to relate it to the night, like coins or change, being spent. "Puff-Puff! Pant-Pant!" has been used as onomatopoeic stand-ins for the act of running, to relate the literal act with the idiomatic expression: "the colors run", i.e., the colors of the blossom aren't fast but tend to get washed away. In the original, Ray wasn't referring to colors, but to the scent of the blossom evaporating. "It's the falling dew; please mind your head!", on the other hand, by a stroke of coincidental luck, is both literally and idiomatically true to what Ray intended. Sometimes, a compromise has been reached between literal translation and intent. In Bengali, the process of waking up is idiomatically called *ghum-bhanga* (literally, sleep-break). Ray used onomatopoeic words for sounds of breakage to link them with the idiomatic sleep-break. This translator, prevented from using the words sleep-break (since, unlike break-fast, that is not normal English), uses the words 'wake-up' and links them to the onomatopoeic 'whoosh' as the sound of 'wake' going 'up' by rocket-ship.

†This translator found it satisfyingly fitting to use the word 'hoodlum' which entered the English language through a pseudo-onomatopoeic route. "Hoodle 'um!" is probably 'Huddle 'em', spoken with a thick Irish brogue. The word likely originated in San Francisco, probably from a particular street gang's call to unemployed Irishmen to "huddle 'em" (to beat up Chinese migrants), after which San Francisco newspapers took to calling street gangs 'hoodlums'. This story may be apocryphal.

Once Bitten Twice Shy: This translation represents some very clear deviation from the narrative towards the end, although it does preserve the bulk of it. The deviation was imperative because most of the humor in the original poem hinges upon interpreting the Bengali saying *Nera Beltolaay, etc.* of the original title, *Nera Beltolaay Jaay Kobaar?* in the *literal* rather than the idiomatic sense. The title translates, idiomatically, in English to "Once Bitten Twice Shy." Since, the Bengali title was interpreted literally, for the sake of humor, the same had to be done with the English equivalent (Once Bitten, etc.). The two sayings, in Bengali and English, while idiomatically of identical meaning, are obviously quite different when taken literally; hence the unavoidable deviation.

The Twenty-One Law: Some elements have been changed to avoid what might potentially have been classified as police brutality. †*Anna*: Denomination of coin in British India.

Ding-a-ling and Dong: "Tourists stare in consternation" is a deviation from the original. The original contained a reference to British settlers – a common sight in urban India under British rule at the time the original was composed.

Storytelling: The introduction of a Mozart symphony to replace the original references to Indian musical *ragas, Bihaag* and *Basant* was done mostly to assist with rhyme, and, in part, to facilitate comprehensibility for a wider audience. Other, very minor changes have been made to aid in rhyming.

Neighbors: The word *ishtoopit* is an assimilative use of the English word *stupid*, as mangled by Bengali pronunciation. This literary device is more than 140 years old; see below, verse in the *Indian Charivari* (the Indian version of Punch magazine), from 1874, mocking Bengali pronunciation of English:

"Bapre! This time you have made too beautiful picture of me,
Charivari Bahadur, *isquatting* on branch of tree;" [*emphasis translator's*]

The Delighted: Image from illustration by W.W. Denslow, for L. Frank Baum's 1900 book *The Wonderful Wizard of Oz.* The characters in the original illustration by Ray that accompanied this poem appear to be almost exact copies of the characters in Denslow's illustration. The explanation why can be found in the all-English edition: *Rhymes of Whimsy – The Complete Abol Tabol.*

Ghostly Play: Ray used the term '*gondho-gokul*' which refers to a type of civet cat. In this translation 'poodle' has been used, to help with meter. [†]The reference here is to the flour-stuffed Pillsbury Doughboy; not the American soldier in World War I. [††]Readers complaining that '*trip*-trice' is 'invented', would be right. This translator believes that it is well within the ambit of poetic license, and is certainly not too egregious an excursion. The intended meaning is *triple*-trice, signifying three times faster than a trice. This translator could have chosen to drop the 'trip' and make do with 'trice' alone, without sacrificing meaning, but chose to invent 'trip-trice' due to the obvious assistance it provides with meter.

Sense of Essence: *Maj:* Majesty *Rupee:* Denomination of Indian currency.

Cry-Kid: *Nondo Ghosh* and his neighbors Mr. & Mrs. Booth are the actual names that appear in the original Bengali. It was not entirely uncommon, in the 1920s for native Indians and the occupying British to be neighbors in urban areas.

Crass-Cow: "Horns shaped like 'threes'", in the original, refers to the shape of the Bengali numeral three. With a bit of imagination, however, shapes of horns can also resemble the shape of the Arabic numeral three used in English script. The accompanying illustration in this book depicts the Arabic numeral. The explanation for the use of 'threes' by Ray can be found in the all-English edition: *Rhymes of Whimsy – The Complete Abol Tabol.*

Notebook: "Aqua Ptychotis" refers to the common trade name of a digestive elixir known in popular Bengali as '*Joaaner Arok*'. The original work has reference to that exact Bengali name. It was both more amusing and convenient to use the trade name, familiar with many Bengali readers, rather than provide a difficult-to-rhyme literal translation, such as Elixir of *Ajwain (Ajowan)* or Bishop's Weed.

Strongman: The *Maund* was the Anglicized name for a unit of measure for weight in British India, first standardized in the Bengal Presidency in 1833 as 100 Troy pounds. The measure is approximately equivalent to 82.3 avoirdupois pounds, or 37.3 kilograms. *Shastthi's* weigh of 19 *maunds* is, obviously, an exaggeration.

Learning Science: The original Bengali poem calls it the *futoscope (futo*=hole). Ray's original illustration suggests a hollow tube with no lens; hence, 'hole-o-scope'.

Droplets: *Droplets* has been a difficult set to translate while still maintaining the original mood, narrative and cadence. In a couple of places, a little creative liberty has been resorted to, like making the twins best of friends, and endowing the three little pigs with exuberance, for the sake of rhyme.

About the Author

Sukumar Ray (1887-1923) was a prolific Indian writer, poet and playwright. He was one of the first writers of nonsense verse in Bengali, for children.

Son of children's fiction writer Upendrakishore Ray Chowdhury, Sukumar graduated with honors in physics and chemistry from Presidency College, Calcutta (now Kolkata), and trained in photography and printing technology at the London County Council School of Photo-Engraving and Lithography, and the Manchester School of Technology in England.

He developed new methods of halftone block-making, and was also elected Fellow of the Royal Photographic Society. He is the father of internationally acclaimed Indian filmmaker Satyajit Ray.

After Upendrakishore's death in 1915, Sukumar Ray assumed the editorship of children's magazine *Sandesh* started by his father, and remained editor until his own untimely death.

About the Translator

Niladri Roy is a self-described dyed-in-the-wool Bengali, with varied interests.

An engineer by training from Bengal Engineering College, Sibpur, in India, he is a full-time practicing technologist based in Silicon Valley, California. His interests, outside of his profession and occasional experimentation with writing, include piloting single-engine aircraft and high-altitude trekking in the Sierras and Himalayas. He is the author of the book *Everest Base Camp Trek – Kathmandu and the Ascent of Kala Patthar* (Blurb, San Francisco, 2008).

Roy, a naturalized American, was born in Assam, India, to Bengali parents, grew up near Kolkata, and emigrated to the United States in the mid-1990s.

For matters relating to this book, he can be reached at: rhymesofwhimsy@gmail.com.

Did you Know?

Abol Tabol is, in fact, cleverly disguised socio-political satire, written to mock the state of society and administration of early 20th century colonial India. The all-English edition of *Rhymes of Whimsy – The Complete Abol Tabol,* also published by Haton Cross Press, provides *groundbreaking analysis,* linking the poems to specific historical events and uncovering the targeted satire hidden in many of the poems. It answers questions like: Who is *Katth Buro?* Which scandal in English parliament is the poem *Gondho Bichar* about? Which Bengal-school painting is mocked in *Bhooturey Khela?* Which three Indian statesmen were the *Ahlaadi* in real life?

With a total of more than 250 pages, this is a book in two parts: the first comprises the translated poems and more than 40 illustrations. The second contains investigative analysis and some never-before-published commentary on the symbolism and hidden meanings woven skillfully into the poems. The analysis is beautifully clear, concise and logical, and cites more than 45 separate bibliographical references.

This book turns conventional wisdom about Sukumar Ray's Abol Tabol on its head, and irrevocably changes the understanding of this timeless work forever. A must-read for enthusiasts of humorous nonsense verse, as well as for academicians and students engaged in comparative literature and South Asian literature studies.

Available online and wherever great books are sold.
Facebook: https://facebook.com/rhymesofwhimsy

Milton Keynes UK
Ingram Content Group UK Ltd.
UKHW051352191023
430927UK00005B/36

9 780998 655727